Depressão – onde está Deus?

Dr. Roque Marcos Savioli

Depressão – onde está Deus?

© **Roque Marcos Savioli, 2004**
8ª edição, Ágape, 2003
10ª edição, Editora Gaia, São Paulo, 2004
6ª Reimpressão, 2017

Jefferson L. Alves – diretor editorial
Richard A. Alves – diretor-geral
Ana Cristina Teixeira – assistente editorial
Flávio Samuel – gerente de produção
Eduardo Okuno – capa
Ana Cristina Teixeira e Cláudia Eliana Aguena – revisão
Lúcia Helena S. Lima – editoração eletrônica

Obra atualizada conforme o
NOVO ACORDO ORTOGRÁFICO DA LÍNGUA PORTUGUESA.

Dados Internacionais de Catalogação na Publicação (CIP)
(Câmara Brasileira do Livro, SP, Brasil)

Savioli, Roque Marcos
    Depressão : onde está Deus? / Roque Marcos Savioli. – 10.
ed. – São Paulo : Gaia, 2004.

Bibliografia.
ISBN 978-85-7555-030-4

1. Depressão mental – Aspectos religiosos I. Título.

04-2647	CDD-616-8527
	NLM-WM 207

Índices para catálogo sistemático:
1. Depressão mental : Aspectos religiosos : Medicina   616.8527

Direitos Reservados

editora gaia ltda.
(pertence ao grupo Global Editora e Distribuidora Ltda.)

Rua Pirapitingui, 111-A – Liberdade
CEP 01508-020 – São Paulo – SP
Tel.: (11) 3277-7999 – Fax: (11) 3277-8141
e-mail: gaia@editoragaia.com.br
www.editoragaia.com.br

Colabore com a produção científica e cultural.
Proibida a reprodução total ou parcial desta obra
sem a autorização do editor.

Nº de Catálogo: **2536**

Depressão – onde está Deus?

A Deus, criador de tudo e de todos, que pelo seu Espírito inspirou-me a viver imitando o Seu Filho, Jesus Cristo, o Médico dos Médicos.

A Santa Teresinha do Menino Jesus de Lisieux, intercessora de todos os momentos.

Aos meus pacientes e familiares cujo testemunho de vida vem fortalecendo ainda mais a minha fé nos caminhos do Senhor.

Aos funcionários do Instituto do Coração do HC-FMUSP e da Fundação Zerbini, corresponsáveis pela existência deste trabalho.

Aos meus filhos, Caroline, Marcela e Roquinho, e ao meu neto Matheus.

À minha querida e amada esposa Gisela que, de mãos dadas com Nossa Senhora, trouxe-me para a Luz do Senhor, sendo a grande responsável por esse milagre.

Aos padres Antonio Maria, Léo Gonçalves, Frei Jorge da Paz e ao abade Dom Joaquim Arruda Zamith, pela colaboração e orientação teológica.

Sumário

Prefácio   15

Introdução   21

Depressão: mal do novo século   23

O vazio existencial e a depressão   31

Estou com depressão?
Faça seu autoteste   45

A busca de Ivone   51

Depressão e menopausa!   73

A gordinha deprimida   89

Envelhecer com Deus   99

Doutor, estou passando mal,
vou morrer, por favor me ajude!   111

Decifrando o triângulo
da depressão e da cura   117

O caso do Zé Dentista   151

Referências Bibliográficas   163

Prefácio

Depressão! Onde está Deus? Sem dúvida nenhuma, a pergunta-título deste livro resume não somente um rico conteúdo baseado na experiência científica e na fé de um médico cristão, mas sobretudo resume e expressa o espanto e o questionamento feito por todos aqueles que passam ou passaram pela terrível experiência da depressão, ou que estejam passando por problemas e por situações aparentemente insolúveis.

O espanto expresso na exclamação e a dúvida questionadora que tenta responder ao espanto remete-nos a uma certeza: enquanto não se achar Deus, não se acha o caminho para a cura da depressão. Afinal de contas, se depressão é a síndrome que nos "empurra para baixo", seu único contrário, portanto, sua cura, é um "puxar para cima". Aqui está a síntese do cristianismo:

> *"Se, pois, ressuscitastes com Cristo, procurai as coisas do alto, onde Cristo está sentado à direita de Deus. Pensai nas coisas do Alto, e não nas da terra, pois morrestes e vossa vida está escondida com Cristo em Deus"* (Colossenses, 3,1-2).

O ser humano precisa descobrir, com urgência urgentíssima, sua vocação para o Alto. Foi o Encardido que criou essa história de que a gente precisa se conformar com as coisas. O cristão é chamado a não se conformar com esse mundo (cf. *Romanos*, 12,1-2). E o jeito de não se conformar é ultrapassar, ir além, ou seja, transcender. Transcendência é uma palavra bonita e muito usada na filosofia, psicologia e em teologia e quer dizer: ultrapassar subindo! Isso mesmo: o único jeito de realmente resolver um problema é achar uma solução que nos impulsione para o alto. Nossa vocação é o céu, e isso não é para depois da morte, mas é um projeto que precisa ser construído em vida, com a vida.

Em nenhum momento o excelente texto do Dr. Roque afirma que a pessoa tem depressão porque está sendo castigada por Deus. Que ninguém pense uma bobagem dessa! Que ninguém pense que a depressão é o jeito que Deus achou para fazer a pessoa cair em si mesma e assim voltar para ele. A ausência de Deus, presente no título, no texto e no contexto deste livro, é biblicamente corretíssima. O que a Bíblia afirma, e o Dr. Roque, baseado em sua experiência e em seus múltiplos estudos nessas áreas, confirma, é que sem Deus é impossível a pessoa sair desse buraco em que se meteu ou para o qual foi empurrada.

Outra coisa maravilhosa, que aparece especialmente por meio dos testemunhos, é que quando a gente encontra Deus, por pior que seja nossa situação, tudo se transforma. O Deus revelado por Jesus Cristo é aquele que transforma nossas tristezas em alegrias (cf. *Jó*, 16,20b). O encontro com Jesus é sempre um começo pleno. Jesus nunca fez nenhuma pergunta sobre o passado de nenhuma pessoa. E essa foi uma prática constante em seu ministério. Por pior que fosse a pessoa, ou o problema da pessoa, Jesus questionava sempre a partir do presente, daquilo que a pessoa queria ser e não aquilo que ela foi ou que lhe aconteceu.

Jesus é o presente do Pai. Ele é sempre presente. Nele existe um eterno e terno HOJE. O Deus de Jesus é o Deus da vida plena (cf. *Jó*, 10,10). Essa vida plena, que todos almejamos, consciente ou inconscientemente, é impossível sem a restauração do nosso espírito. Quando o ser humano abandona seus valores espirituais, acaba caindo nas mãos do nada.

Para sair da depressão é preciso encontrar uma certeza: por pior que seja a situação que a pessoa esteja vivendo, existe uma saída: em Cristo somos mais do que vencedores. Deus não nos abandona, nunca! Jesus desceu ao fundo dos infernos para dizer claramente a todos que nenhum ser humano foi criado para a perdição. O mal nunca é vontade de Deus. O ser humano foi criado para o infinito, para o alto. Mas Deus não pode intervir em nossa liberdade, nem mesmo quando a usamos para o pecado ou dela abusamos. O mal é consequência de nosso afastamento de Deus e de seu projeto. O mal é consequência da desumanização gerada por um ateísmo cada vez mais prático.

O aumento do número de pessoas deprimidas está diretamente relacionado ao abandono da fé, ao aniquilamento das relações familiares, ao fim das verdadeiras amizades. O homem moderno vive uma vida "light", onde tudo que ele busca pode ser resumido no prazer a todo e qualquer custo, no consumismo que consome, na permissividade que não respeita limites e num relativismo onde tudo é subjetivo. O centro desse mundo light é o próprio homem com seus desejos light, alicerçado num materialismo cada vez mais coisificante.

Nesse mundo light vive um ser humano alienado, sem valores e sem referenciais. E isso gera um vazio espiritual e moral. Embora tenha muita coisa, esse ser humano é infeliz, porque tudo o que ele tem é passageiro, descartável, temporário e não gera compromisso. Nesse mundo que se autodestrói, este livro tem um peso de convite-convocação: é preciso sair dessa planície esburacada.

Vejo, na escrita e na vida do Dr. Roque, um grande apelo para que não nos amoldemos a essa vida sem sentido. É preciso fugir dessa Sodoma-Gomorra moderna. E para não fugir é preciso estar consciente do perigo, saber para onde ir e não ter medo de deixar tudo o que precisa ficar para trás. Aliás, sem essa decisão, é impossível achar o rumo certo, transcendente! É preciso ouvir de cada linha deste maravilhoso livro o mesmo apelo que um dia Deus fez ao seu servo Lot:

> *"Salva-te se queres conservar tua vida. Não olhes para trás, e não te detenha em parte alguma da planície; mas foge para a montanha, senão perecerás"* (Gênesis, 19,17).

A pedagogia de Deus num extremo carinho para Lot e para sua família é um caminho importante que precisamos aprender a seguir. É como se Deus lhe dissesse (e nos dissesse também): Queres conservar tua vida? Então existem três coisas fundamentais a se fazer:

1. Suba para a montanha – Subir para a montanha significa achar um ideal de vida. Saber aonde queremos chegar. Significa abrir novos horizontes. O mundo se afasta para deixar passar todo aquele que sabe para onde vai.

2. Não te detenhas em parte alguma da planície – Não se perder nos problemas cotidianos. Não se deter por coisas pequenas. Saber relegar aquilo que não é importante. Não existe nenhuma pessoa no mundo que não tenha passado ou não esteja passando por problemas. Faça dos problemas um impulso para a vitória.

3. Não olhes para trás – Hoje é o primeiro dia do resto de sua vida. O passado não interessa. Afinal de contas, quem se prende ao passado acaba se transformando, como a mulher de Lot, numa estátua de sal (cf. *Gênesis*, 19,26), que significa: uma pessoa parada, deprimida, voltada demais para si mesma... Então, na grande caminhada que temos, jamais podemos perder tempo com coisas que não sejam absolutamente essenciais e importantes. Outra coisa muito importante: viva como alguém que vai morrer um dia. Infelizmente muitos vivem como se não fossem morrer e morrem como se não tivessem vivido. Tudo o que temos e tudo o que somos nós iremos perder! Quem não perde não ganha! Essa é a lógica de Cristo.

É importante ressaltar que a certeza da perda não deve nos provocar uma superficialidade na vida e em nossos relacionamentos.

Não é porque vou morrer que vou viver de qualquer jeito. Não. O fato de saber que vou perder deve levar-me a saborear cada minuto da convivência com as pessoas, com Deus, comigo mesmo, com a natureza e com o mundo. O fato de saber que vou perder deve levar-me a saborear a vida, degustá-la com parcimônia! Veja: o pássaro, mesmo preso numa gaiola, continua cantando. Não existem gaiolas no mundo que sejam capazes de silenciar o canto do pássaro. Seu canto vem de dentro! Assim também, nada nem ninguém pode nos fazer felizes ou infelizes. Somos feitos para o infinito, logo, temos fagulhas desse infinito dentro de nós. Os problemas não podem aprisionar nossos sonhos e nossos projetos, por isso mesmo não podemos nos deter na planície e nem olhar para trás. É preciso encontrar nossa montanha.

Esse esquema de salvação apresentado pelo autor sagrado se adapta perfeitamente a todas as situações difíceis de nossa vida: doença, morte, perda de bens materiais, dependência química, depressão etc. Precisamos encontrar em Jesus a força para nossa trascendência: a pessoa só conseguirá sair de uma situação que empurra para baixo, quando se encontrar com Alguém que a impulsiona para o Alto.

Agradeço a Deus a graça de estar presente nesse presente de Deus que é o livro de Dr. Roque. Posso testemunhar o bem imenso que seu primeiro livro, *Milagres que a medicina não contou*, fez e continua fazendo para muitas pessoas. Sou grato a Deus por tudo que foi escrito naquele livro. Mais grato sou ainda por tudo que você agora saboreará deste novo texto. Leia com a delicadeza de quem recebeu um presente de Deus. Saboreie suas páginas. Leia também suas entrelinhas.

Agradeço ao amigo querido pela coragem em convidar-me, com tanta gente mais bem preparada, para prefaciar este texto. Saí lucrando! Li, reli, saboreei e estou tendo a graça de aplicar muito do seu conteúdo em meu ministério de Cura Interior e na restauração dos filhos e filhas que Deus me concedeu.

De Bethânia, em 6 de maio de 2003.
Pe. Léo scj

Introdução

Este livro *Depressão – Onde está Deus?* para mim está sendo uma benção! Já li uma vez.
Estou lendo outra vez... E tenho certeza de que o irei reler muitas vezes.
Veja bem: a claridade sobre o que é depressão, a clareza do estilo e a simplicidade das historinhas que nos contam verdades como bonitas parábolas, tudo isso faz das páginas do *Depressão – Onde está Deus?* uma leitura feliz. Assim, quem lê este livro não só fica admirado com a consciência profissional do cardiologista, mas também fica maravilhado com o cristianismo do médico.
Ele é o Dr. Roque do Evangelho que, nas entrelinhas do texto, está, tempo inteiro, testemunhando sobre aquela religião e saúde que espontaneamente vai surgindo em nós, quando, em vez de concentrarmos nossa atenção nos nossos sofrimentos, concentrarmos nossa atenção na bondade de Deus. Exatamente como Jesus explicou: *"Vinde a mim, vós todos que estais aflitos com os fardos da existência, que Eu vos aliviarei"* (*Mateus*, 11, 28). Esse é o clarão que está dentro do livro: quem olhar para os olhos de Deus irá encontrar o caminho para curar as tristezas do seu coração deprimido! *"Deus é amor"* (*João*, 4,8)!
É isso! À medida que você for lendo *Depressão – Onde está Deus?*, você irá entendendo como o doutor uniu muito

bem a ciência, que ele sabe, com a fé que Deus o fez descobrir! E Jesus disse que *"uma luz que se acende deve brilhar para todos que estão na casa"* (*Mateus*, 5,16). E é isso que o nosso médico, amigo e irmão Roque, está fazendo.

E olhe, preste atenção: quando você estiver lendo esta boa leitura, você estará sendo curado não só quando você estiver entendendo, mas estará sendo curado principalmente nas páginas que você estiver lendo com o coração.

Quando você "sente" o que você lê, o milagre da boa leitura acontece!

E Dr. Roque quer conduzir você assim: Quer levar você a sair da tristeza depressiva e começar a "sentir" as alegrias de Deus. Existe até uma palavra do Senhor que descreve com muito encanto o caminho que o Dr. Roque está apontando para você. É a paz do Senhor...! Observe! Diz assim:

"Não entregues teu coração à tristeza e nem atormentes a ti mesmo nos teus pensamentos. A alegria do coração é saúde... e um inesgotável tesouro de santidade. A alegria torna mais longa a sua vida! Tem compaixão do teu coração e torna-te agradável a Deus e sê firme. Concentra teu coração na santidade e afasta a tristeza para longe de ti, pois a tristeza matou a muitos e na tristeza não existe nenhuma utilidade"
(*Eclesiástico*, 30, 22-27).

Amém!

Frei Jorge da Paz, ofm

Depressão: mal do novo século

Durante as revisões do meu livro *Milagres que a medicina não contou*, relendo os casos da dona Maria, da filha do seu Giovanni, da história com goiabada e a do padre deprimido, tomei conta da enormidade de pessoas que passaram no meu consultório com queixas supostamente de origem cardiológica, mas, na realidade, relacionadas a alterações do estado emocional, como a síndrome do pânico, a angústia, o estresse e principalmente a depressão.

A depressão é o mal do século XXI. Cada dia que passa, essa doença se torna mais presente, chegando a atingir mais de 15% da população mundial. É mais frequente em mulheres e após a idade de 40 anos.

Relatos sobre pessoas deprimidas são encontrados em quase toda a história da medicina. No século IV a.C., Hipócrates já descrevia um quadro de profunda tristeza e desinteresse pela vida, o qual denominou melancolia.

Os grandes romancistas da história da humanidade quase sempre reportaram personagens com sintomas nitidamente depressivos, mas somente a partir do século XIX é que se descreveu a síndrome da depressão, palavra de origem grega: *depremere*, que quer dizer "empurrar para baixo".

Como reconhecer uma pessoa deprimida?

Alegria e tristeza são sentimentos que fazem parte da vida psíquica normal. A tristeza é a resposta humana às situações de perda, derrota, desapontamento e outras adversidades, ou seja, é normal sentir-se triste após uma situação desagradável, a perda de um ente querido, um revés econômico, ou mesmo quando não se realizam sonhos desejados. Deixa de ser normal, no entanto, quando essa tristeza se prolonga por muito tempo e junto com ela vêm a falta de apetite e a perda da vontade de viver, ou seja, a depressão.

Quando pensei em escrever este livro, não tive a pretensão de abordar temas técnicos, mas sim de contar para vocês, caros leitores e leitoras, casos interessantes de depressão, síndrome do pânico e ansiedade, que vi nesses meus anos de prática médica. Embora seja clínico geral com especialização em cardiologia, nunca me furtei em receber esses pacientes no consultório, antes de encaminhá-los ao tratamento psiquiátrico necessário. Antes de começar a narrar as histórias, no entanto, achei interessante relatar alguns sintomas que podem aparecer nas pessoas deprimidas, como descrevo a seguir:

Humor depressivo; sensação de tristeza; autodesvalorização; sentimentos de culpa e pensamentos suicidas

Tudo o que acontece ao redor dos deprimidos é fútil ou sem importância, pois acreditam ter perdido de forma irreversível a capacidade de sentir alegria ou prazer na vida. Tudo lhes parece vazio, sem graça, o mundo é visto sem cores e não há razão para sorrisos.

Podem se tornar pessoas apáticas e incapazes de ter sentimentos, situações que as incomodam muito, principalmente quando constatam já não se emocionarem com a chegada dos netos, com o sofrimento dos filhos, ou com doenças do esposo ou da esposa.

Com frequência julgam-se um peso para os familiares e amigos, invocando a morte como forma de aliviá-los da sua companhia. O suicídio é frequente nas pessoas deprimidas e, sempre que houver uma ameaça, devemos ficar muito atentos. O desejo de morte é a solução para aliviar seus sofrimentos, que julgam definitivos e intransponíveis, e para ofuscar suas superestimadas perdas ("o meu problema não tem solução e é o maior do mundo").

Os pensamentos de suicídio variam desde o remoto desejo de estar simplesmente morto até a elaboração de planos minuciosos de se matar. Muitos procuram um "suicídio" inconsciente ao abandonar tratamento medicamentoso, dietas recomendadas, ou simplesmente param de comer.

Perda da vontade de sentir prazer

Atividades antes agradáveis deixam de ser prazerosas, não existindo mais interesse pelos passatempos prediletos. As atividades sociais são frequentemente negligenciadas. Tudo tem o peso de terríveis "obrigações". Passam horas na frente de televisores sem saber a que estão assistindo.

Fadiga ou sensação de perda de energia

Por mais que não façam esforços físicos, que passem o dia todo deitadas, sentem-se como se estivessem carregando um "peso nas costas". Tarefas simples e leves podem exigir esforço sobre-humano para serem cumpridas, demorando muito para finalizá-las. Quase nunca terminam o que começaram. Sentem cansaço crônico. Já acordam cansadas pela manhã.

Diminuição da capacidade de pensar, de se concentrar ou de tomar decisões

O deprimido não consegue tomar decisões, mesmo as mais simples possíveis. Coisas que resolvia automaticamente passam a ser difíceis e cansativas.

Professores experientes queixam-se de não conseguir preparar as aulas mais rotineiras; programadores de computadores pedem para ser substituídos pela atual "incompetência"; crianças e adolescentes têm queda em seus rendimentos escolares, geralmente em função do grande cansaço e falta de atenção, além do desinteresse generalizado.

Alterações do sono e do apetite

A insônia é frequente nos pacientes deprimidos. Geralmente os pacientes acordam no meio da noite e apresentam dificuldades para voltar a dormir. Outros têm dificuldade de pegar no sono.

Existem indivíduos, no entanto, que se queixam de sonolência excessiva, mesmo durante o dia. É uma forma inconsciente de fugir dos problemas.

A perda do apetite é uma das queixas mais frequentes. Em algumas situações as pessoas precisam esforçar-se para comer, ou ser ajudadas por terceiros a se alimentar.

A falta de alimentação, em idosos, pode levar a inapetência e fraqueza, deixando-os à mercê de infecções ou mesmo gripes que podem complicar, levando a situações graves.

Algumas formas específicas de depressão são acompanhadas de aumento do apetite e sonolência. Nesses casos há compulsão exagerada para doces e carboidratos, levando à obesidade e suas complicações físicas e psíquicas.

*Redução do interesse sexual,
retraimento social e crises de choro*

A redução do interesse sexual pode ser um dos sintomas mais precoces em mulheres deprimidas. A perda da libido pode ocasionar grandes transtornos familiares, originando problemas no relacionamento conjugal. Nessa situação é muito importante que o cônjuge atue juntamente com o médico no tratamento do seu ente querido, tentando compreender suas recusas e seus afastamentos sexuais.

O isolamento é também sinal precoce da doença. Os pacientes podem evitar contato social, mesmo dentro das suas famílias, preferindo ficar sozinhos, quando quase sempre apresentam crises de choro, longe dos olhos críticos familiares.

Os casos mais graves de depressão podem levar a sintomas psiquiátricos importantes, tais como delírios, manias, percepção de vozes estranhas e culpas.

Sintomas somáticos

O afeto depressivo pode manifestar-se acompanhado de um cortejo de distúrbios somáticos: cefaleia, zumbidos nos ouvidos, dificuldade respiratória, dores no peito, vertigens, dores vertebrais, cólicas abdominais, náuseas, vômitos, constipação intestinal, falta ou aumento do apetite, da potência sexual, da libido, insônia, fadiga, emagrecimento ou obesidade.

Esses sintomas podem ser importantes de modo a serem os responsáveis pela ida do doente ao clínico, antes do psiquiatra.

Não é incomum recebermos pacientes no consultório queixando-se de dores no peito, de falta de ar, de formigamentos nos braços e de tonturas, sem ter nenhum tipo de doença física, mas somente somatizando seu quadro depressivo.

Causas da depressão

Conhecer as causas da depressão ajuda os deprimidos, seus amigos e sua família a entender quanto ela é dolorosa e como é difícil "sair dela".

Em nosso cérebro há mensageiros químicos chamados neurotransmissores. Esses mensageiros ajudam a controlar as emoções.

Os dois mensageiros principais são a serotonina e a noradrenalina, cujos níveis determinam as nossas emoções. Quando os neurotransmissores encontram-se "em equilíbrio", sentimos a emoção certa para cada ocasião.

Quando alguém está deprimido, os mensageiros químicos não estão em equilíbrio. Isso significa que alguém pode se sentir triste quando deveria estar alegre. Ainda não está claro por que isso ocorre em algumas pessoas e não em outras, mas parece que, por a depressão ocorrer em certas famílias, deva existir um componente hereditário com relação à causa dessa doença.

Fatores que podem desencadear a depressão

- Situações estressantes ou perdas. É normal sentir-se triste após uma perda, como a morte de um ente querido ou o rompimento de uma relação. Às vezes essa tristeza pode se transformar em depressão, em pessoas que têm essa tendência. Problemas de dinheiro, de trabalho ou pessoais podem também desencadear a depressão.
- Doenças físicas como esclerose múltipla ou acidente vascular cerebral (derrame) ou doenças crônicas sem perspectiva de cura ou muito dolorosas.
- Alterações hormonais, que acontecem nos casos de doenças da tireoide, na menopausa e nos dias da tensão pré-menstrual (TPM).

- Medicamentos para pressão alta, alguns tranquilizantes e sedativos podem causar depressão. Nessas condições é sempre bom procurar o seu médico para troca da medicação.

- Álcool e drogas ilegais podem piorar a depressão. Estas substâncias podem levar a um quadro inicial de euforia e bem-estar, mas sempre seguido de estado depressivo. Este fato, em indivíduos com depressão ou predispostos para tal, pode ocasionar piora substancial do quadro psicológico. Não é bom que os deprimidos usem essas substâncias, mesmo que pareçam ajudar momentaneamente.

Depressão – hospedeira de muitas doenças!

A relação entre o estado psicológico e suscetibilidade a doenças é descrita desde a Antiguidade. Em 2000 a.C., Galeno, um filósofo grego, sugeria que mulheres melancólicas poderiam ser mais suscetíveis a câncer de mama que mulheres sanguíneas (mais dispostas e mais animadas).

Nas últimas décadas, cada vez mais vem-se demonstrando que o sistema nervoso central, o sistema imunológico e o sistema endocrinológico comunicam-se interativamente.

Muitos estudos revelaram que indivíduos com quadros depressivos, ou quando submetidos a emoções estressantes, podem apresentar respostas celulares e glandulares imunológicas alteradas, fato que pode ocasionar maior suscetibilidade a câncer, doenças autoimunes, alergias e infecções, como pneumonia bacteriana e faringites.

A relação entre a incidência de complicações da doença coronária com a depressão está muito bem comprovada, encontrando-se maior número de infartados e/ou anginosos nos pacientes deprimidos.

Cada vez mais fica patente a importância da depressão como hospedeira de inúmeras doenças, pois a redução da atividade imunológica do organismo por ela determinada e/ou as alterações hormonais concomitantes podem ser responsáveis pelo aparecimento de muitas moléstias.

Na verdade esses estudos apenas vieram comprovar o que vemos diariamente em nossa prática clínica, quando podemos observar perdas importantes, como, por exemplo, de entes queridos ou fracassos financeiros, sucedidas por infarto do miocárdio, hipertensão arterial ou mesmo câncer. Tenho certeza de que o próprio leitor já deve ter ouvido alguma história sobre esse assunto, principalmente sobre o dito popular: "desgraça pouca é bobagem".

O vazio existencial e a depressão

Dom Abade Joaquim de Arruda Zamith é monge beneditino muito culto e preparado que, apesar dos seus quase 80 anos, é internauta de primeira categoria e muito amigo da informática.

É um dos tradutores da *Bíblia de Jerusalém* e também um dos religiosos mais conceituados em todo o meio sacerdotal, pela sua cultura, sabedoria e exemplo de vida religiosa.

Tive o prazer de conhecê-lo, "ocasionalmente", no consultório, quando me procurou para uma consulta médica. Necessitando de exames para avaliação do seu estado de saúde, resolveu procurar o Incor, ocasião em que ligou para a central de atendimento, que aleatoriamente o encaminhou para mim.

Lembro-me muito bem do dia em que o atendi pela primeira vez, pois o achei muito especial, muito "cheio de Deus". Tenho certeza de que Ele o enviou para mim, pois, depois de fazer os exames e ser constatada uma saúde inabalável, tornamo-nos grandes amigos.

Convidou-nos para a missa dominical do Mosteiro de São Bento, em São Paulo, e após a celebração tivemos a graça de lá almoçar, quando conhecemos as qualidades de hospedeiro de Dom Bernardo, monge responsável por toda a hotelaria e padaria. Vale a pena, caro leitor, conhecer o Mosteiro de

São Bento de São Paulo-SP, principalmente a padaria de Dom Bernardo, mas cuidado com os pecados da gula, pois o pão de São Bento, o de Santa Escolástica e o bolo de Dom Bernardo são demais.

O relacionamento de Dom Joaquim estendeu-se também a Gisela, que começou a lhe pedir, por e-mail, traduções dos escritos dos Padres do Deserto, visto estar à procura das citações bíblicas de Evagrio Pontico, terapeuticamente recomendadas para o combate dos pecados capitais.

Entre um e outro e-mail, entre uma e outra ponderação evagriana, houve um convite para irmos ao Mosteiro de São Bento de Vinhedo-SP, local onde Dom Joaquim estava vivendo, para que, após a missa e o almoço de domingo, conversássemos sobre este novo livro, pois o havia convidado a escrever algumas linhas para as "orelhas".

Nessa ocasião, Dom Joaquim falou-me:

– Dr. Roque, o senhor enfocou muito bem os problemas da depressão, mas acho que seria muito interessante abordar também os seus aspectos psicológicos. A falta de uma razão existencial, por exemplo, pode ser causa dessa doença, principalmente na ausência de problema orgânico.

– Quantos jovens, continuou Dom Joaquim, vão para o mundo das drogas, da prostituição por se verem sem expectativas de vida, sem esperança. No desespero existencial pegam o primeiro bonde que passa pela sua frente.

– É verdade, Dom Joaquim, e quase sempre é um "bonde errado", disse-lhe eu.

Mostrando um leve sorriso nos lábios, ele me disse:

– Doutor, Victor Frankl, um psicanalista austríaco, judeu, que esteve confinado em um campo de concentração por muitos anos, enfocou a necessidade de o ser humano encontrar razões para sua existência. Uma vida sem objetivo, sem razão de ser, fica vazia, sem graça, daí vêm a depressão e todos os seus comemorativos.

Vivemos em busca de um significado da nossa vida, daí surgem perguntas que sempre nos fazemos e cujas respostas nem sempre temos por completo.

– É verdade, Dom Joaquim, é próprio do ser humano questionar-se de situações existenciais como: Qual a nossa origem? Qual a finalidade da vida? Como explicar a presença do mal, do sofrimento e a inevitabilidade da morte?

– Nem sempre encontramos as respostas suficientes para essas questões, mas o importante é sempre estarmos à procura delas, continuei.

– Veja, doutor, disse Dom Abade, hoje em dia, há milhões de homens que são tentados a perder a própria razão e esperança de viver por estarem privados das condições materiais mínimas de existência. A fome, a indigência imposta pelas condições injustas da vida social, a falta de trabalho, inexistência de recursos mínimos de educação, de assistência médica e social levam pessoas, tanto em países ricos como pobres, a desconhecerem o significado da própria existência.

– Isso mesmo, complementei, se elas perdem o significado de sua própria existência, imagine como elas vão ver a vida dos outros.

Daí os assassinatos, estupros, pois ao perderem a razão existencial da vida, vivem como animais.

Dom Abade, depois de concordar com minha ponderação, continuou a conversa:

– Várias pesquisas têm demonstrado que é mais angustiante para o homem moderno, especialmente para os jovens, a crise provocada pela falta de sentido e de significado da vida, o sentimento de vazio, do que a carência ou dificuldades para a consecução de outros bens. O vazio existencial mostrou-se bastante evidente em um levantamento feito entre cem alunos de Harvard, todos eles provenientes de famílias abastadas; uma quarta parte desses alunos duvidava que suas vidas tivessem algum sentido. As revistas psiquiátricas da Tchecoslováquia informaram que esse mesmo fenômeno ocorria em todos os países socialistas europeus.

– Sem dúvida, disse-lhe, conflitos de valores ou "frustração existencial" podem levar o indivíduo às neuroses, vindo a depressão, a ansiedade e a síndrome do pânico.

– Dr. Roque, disse Dom Joaquim, a procura de sentido para o homem é uma força primária na sua vida. Este é capaz de viver e até mesmo de morrer por causa de seus ideais e valores.

Uma pesquisa de opinião pública efetuada há alguns anos, na França, mostrou que 89% das pessoas consultadas admitiam que o homem necessita de "algo" pelo qual possa viver e 61% afirmaram que havia algo ou alguém, em suas vidas, por quem estariam dispostos a morrer. Em outras palavras, a vontade por um sentido, na maioria das pessoas, é um fato e não apenas suposição.

A profunda experiência de Frankl, no campo de concentração de Auschwitz, levou-o a ter como certo que cada pessoa é um ser único, que pode reter uma última reserva de liberdade para tomar uma posição, ao menos, interior, mesmo sob as mais adversas circunstâncias. Nesta profunda dimensão do seu eu, nós sabemos que "não apenas somos, mas a cada momento devemos decidir o que seremos".

– Assisti um filme, Dom Joaquim, que enfocava exatamente o que está dizendo. O enredo passava-se em um campo de concentração e um dos prisioneiros criou para si mesmo uma situação imaginária onde recebia, por meio de um rádio, informações da chegada dos aliados e possibilidade de libertação. Ele as passava para seus companheiros, criando objetivos e sentido na vida de todos, mesmo que irreais. Por mais prisioneiros que fossem, ninguém lhes tirava o direito de sonhar, de ter esperança e objetivo na vida. No final do filme, eles são salvos pelo exército russo e libertados.

– Doutor, quando somos despojados de tudo o que temos, como família, amigos, influência, status e bens, ninguém pode nos tirar a liberdade de tomar a decisão do que devemos nos tornar.

Esta liberdade não é algo que possuímos, mas algo que somos. Por isso mesmo, todo homem tem o poder e a liberdade de elevar-se acima do seu próprio "eu" e tornar-se um ser humano melhor.

– Tenho certeza disso, disse-lhe, pois temos a capacidade de transformar nossas vidas para algo melhor e diferente, só necessitamos de dar o nosso sim, para nossa consciência e também para Deus.

A renovação total do homem, no entanto, é difícil, trabalhosa e dolorosa, pois acontece sempre após a perda de valores que ele achava importantes, como fracassos financeiros, de relacionamentos, de entes queridos, ou frustrações com ideais não alcançados.

– É fundamental, também para Frankl, continuou a falar-me, a certeza de ter a básica motivação para viver o encontro de um significado e não buscar satisfações, poder ou riquezas materiais, que podem apenas contribuir para o nosso bem-estar mas são simplesmente meios utilizados para atingir um fim, quando usados de forma significativa.

– É saber "ter", Dom Abade, disse-lhe interrompendo. Devemos usufruir os bens materiais que Deus nos deu, nunca os deixando ser a principal razão da existência. Conheci pessoas com sentido de vida focado apenas no dinheiro e bens materiais, que, após um desastre econômico, entraram em crises depressivas intensas, por não terem consistência espiritual necessária para entender os momentos que estavam passando.

– É verdade, doutor, continuou. Devemos estar convictos de que, além de nossas dimensões físicas e psicológicas, possuímos uma espiritual, noética, especificamente humana (espiritual, não no sentido religioso, mas no de vida mental ou intelectual que supõe a existência de um princípio de ação transcendente à materialidade do ser). Como oportunamente explica Joseph Fabri, o homem, na sua integralidade, compreende as três dimensões, mas é a dimensão propriamente humana que permitirá à pessoa transcender a si mesma e fazer dos significados e valores uma parte fundamental da sua existência. Nesse sentido, cada pessoa é um ser único, vivendo através de infinitos momentos únicos e insubstituíveis, cada um deles oferecendo um significado em potencial (isto é, aberto também para o futuro). Se reconhecermos este potencial e formos capazes de corresponder a ele, nossa vida terá um sentido e a conduziremos de forma responsável. Para Victor Frankl, unicamente quando nos elevamos à dimensão do espírito (mente) tornamo-nos um ser completo. A dimensão humana é a dimensão da liberdade: não aquela proveniente das condições, quer biológicas, psicológicas ou sociológicas (liberdade de alguma coisa), mas sim a possibilidade de tomarmos atitudes de acordo com as nossas necessidades (liberdade para alguma coisa). Somente nos tornaremos seres humanos completos quando atingirmos esta dimensão de liberdade.

Somos prisioneiros da dimensão do corpo – somos conduzidos pela dimensão psíquico-afetiva, mas na dimensão do espírito somos livres. Nós não apenas existimos, mas podemos exercer influência sobre a nossa existência. Podemos não só decidir sobre que espécie de pessoas somos, mas que espécie de pessoa poderemos vir a ser. Dentro dessa dimensão noética somos nós que fazemos a escolha. Ignorar a dimensão espiritual é reducionismo, e aí está a origem do mal-estar, da sensação de vazio e de que a vida está desprovida de significado.

– Dom Joaquim, existe em nós uma dimensão espiritual, que faz parte da integralidade do ser humano, e se a ignorarmos, estaremos esquecendo de uma parte nossa. Essa inteligência espiritual é a responsável pela enorme necessidade que o ser humano tem de ter o seu lado transcendental sempre avivado. Desde os mais remotos tempos da humanidade nota-se a procura de um ser superior, o Sol para os egípcios, incas etc., isto é, para sua existência o homem precisa que exista Deus.

– E graças a Deus que Ele existe e olha por nós, continuei, pois se as pessoas não enfocarem seus objetivos e sentidos na dimensão noética, ficarão expostas às decepções da vida, podendo ter enormes consequências psíquicas e físicas. Por isso é que acredito que a maior causa da depressão, e a principal razão do aumento dessa doença, nos dias de hoje, é a falta de Deus na vida das pessoas. No momento em que somente existam valores materiais como únicos objetivos do homem, não existindo razão transcendental para viver, poderemos estar construindo casas em cima de alicerces de areia, que qualquer tempestade pode derrubar. Estas ponderações me fizeram lembrar quando estivemos em Medjügorje, em 1997, onde pudemos ver de perto o que a guerra fez com a população da Bósnia e Sérvia. Nas estradas de acesso a esse santuário mariano, existem milhares de moradias abandonadas, com geladeiras, fogões, máquinas de lavar e outros utensílios domésticos, todos estragados pela ação do tempo e de saqueadores. As pessoas tiveram de fugir de suas casas com a roupa do corpo, para não serem atingidas pelas bombas. Só levaram consigo aquilo que estavam portando naquele momento, ou seja, a esperança de viver.

Nós, aqui no Brasil, somos felizes por não estarmos vivendo as desgraças de uma guerra, ou melhor ainda, por não as conhecermos de perto. Seria muito bom refletirmos sobre o que aconteceu no Iraque, onde milhares de pessoas perderam todos os seus bens, sua individualidade, seu direito de escolha e seu direito de viver, mas continuam firmes lutando por um ideal comum que transcende a razão, mas é o sentido das suas existências.

Termino este capítulo lembrando o que Paulo ouviu do Senhor:

"Basta-te a minha Graça".

Religião e saúde

A medicina ocidental nasceu como ciência essencialmente humanística, tendo suas raízes assentadas na filosofia da natureza; e seu sistema teórico entendia ser o homem dotado de corpo e espírito.

Dessa forma, as causas das doenças estariam não apenas no órgão ou mesmo no organismo enfermo, mas também na alma, componente espiritual que distingue o homem dos outros organismos vivos do planeta.

O médico deveria ser fundamentalmente um humanista, um sábio que, na formulação do seu diagnóstico, levaria em conta não apenas os dados biológicos, mas também os ambientais, culturais, sociológicos, familiares, psicológicos e espirituais. O médico clássico, portanto, era antes de tudo um filósofo; um conhecedor das leis da natureza e da alma humana.

A partir do século IV, organizações religiosas ligadas à Igreja Católica foram pioneiras na construção dos primeiros hospitais do Ocidente com o objetivo de atender à população carente que necessitava de cuidados médicos. A partir dessa época, os mosteiros e as ordens religiosas eram responsáveis pela formação e habilitação dos profissionais médicos, mantendo sempre seu perfil humanista. Nesse tempo, o médico e o religioso eram a mesma pessoa, que curava o corpo, a alma e o espírito (a tradição popular portuguesa ainda traz a palavra "cura" como sinônimo de padre).

As grandes transformações político-sociais que vieram com a Revolução Francesa e a Reforma Protestante, no entanto, iniciaram ideias separatistas também na relação medicina e religião.

A partir da metade do século XIX, o desenvolvimento da ciência e da tecnologia, a grande evolução do pensamento humano e o advento da medicina científica separaram totalmente a medicina da religião, particularmente após Charles Darwin publicar seu revolucionário livro *A evolução das espécies por meio da seleção natural*. Essa obra levou os teólogos a começarem a ver a ciência como uma ameaça à sua fé. A ciência, por sua vez, já há muito tempo via a religião como uma ameaça à liberdade científica.

No século XX, Freud, um dos pioneiros da psicologia, admitia que a religião poderia causar doença psicológica, por ele denominada "neurose obsessiva universal", e descreveu as experiências místicas como "regressão ao narcisismo primário". Carl Jung, seguidor de Freud, contestava seu mestre ao admitir que a busca de um bem-estar espiritual era fator preponderante para a manutenção da saúde mental. Jung, fundador de uma das maiores escolas de psicologia do mundo, foi categórico ao admitir a importância dos rituais católicos na cura dos problemas emocionais, principalmente a eficácia dos sacramentos, como a confissão e a eucaristia, embora fosse agnóstico e filho de protestantes.

A partir da segunda metade do século passado, o enorme progresso das ciências físicas, químicas e biológicas, aliado ao grande desenvolvimento tecnológico, foi, cada vez mais, redirecionando a formação e a atuação do médico. Crescia o interesse pelas ciências experimentais e diminuía o interesse pelas humanas.

A medicina delirava sobre suas descobertas e conquistas, não havendo espaço para Deus nessas vitórias, pois tudo tinha de ser cientificamente comprovado para ser verdadeiro.

A partir desse momento começa a desaparecer o médico clássico, surgindo, como produto do desenvolvimento científico, o superespecialista, ou seja, profissional cujos limites de atuação se restringem apenas ao seu campo específico. Dessa forma, o objeto inicial de atuação do médico, que sempre foi o doente, é modificado.

Trata-se da doença e não mais do doente, esquecendo-se da dimensão total do ser humano. Esse panorama persiste até os dias de hoje na grande maioria das escolas médicas, pois ainda vivemos a era dos superespecialistas, que substituíram os médicos clássicos, verdadeiros românticos que se preocupavam com o doente de uma maneira holística, isto é, corpo, mente e espírito.

Nos últimos anos do século passado, no entanto, provavelmente pelo momento escatológico do milenarismo, com a consequente necessidade de espiritualização do homem, vários centros mundiais de pesquisas médicas começaram a mostrar interesse em analisar os efeitos da espiritualidade e da religiosidade sobre a evolução das doenças, iniciando-se um movimento de reaproximação da medicina e da religião.

A impessoalidade da moderna medicina, por sua vez, não se importando com a tridimensionalidade do ser humano, vem ocasionando comprometimento da relação médico-paciente, motivo de grande insatisfação dos pacientes. Existe uma vontade muito grande em se reviver o "médico de família" de nossos pais somado ao grande conhecimento tecnológico dos especialistas atuais.

De fato, a visão do homem como corpo, alma e espírito, admitida desde a Antiguidade, tem começado a ser novamente posta em prática, de forma que pacientes e médicos tornaram-se mais abertos a admitir a direção espiritual como uma forma complementar da terapêutica médica.

Com o aumento do interesse dos pesquisadores, vários encontros médicos foram realizados para discutir "Religião e Medicina", de modo que começaram a surgir ideias para a realização de estudos, na tentativa de comprovar a importância da fé na evolução das doenças. A abordagem espiritual dos pacientes durante as consultas médicas, por sua vez, começou a se tornar realidade nos países mais desenvolvidos, principalmente após resultados de pesquisas revelarem que mais de 77% dos pacientes atendidos gostariam de falar sobre assuntos religiosos com seus médicos. Somente 10% dos médicos, no entanto, tratavam desses temas durante a consulta, na maioria das vezes por não estarem preparados para tal.

Com base nesses dados, muitas universidades americanas começaram a adotar no seu currículo a disciplina Orientação Espiritual, de modo que, até 2002, 86 de 126 escolas de medicina dos Estados Unidos já capacitavam os jovens médicos para que pudessem atender seus futuros pacientes também do ponto de vista espiritual.

A relação entre o envolvimento religioso, a espiritualidade e a depressão foi um dos assuntos estudados em todo o mundo. Quando se analisaram 177 portadores de depressão durante um ano, observou-se que a assiduidade religiosa estava associada não somente a menor risco de início de quadro depressivo, mas também à recorrência das crises.

Em outros 29 estudos recentes, que analisaram a relação entre depressão e religiosidade, 24 mostraram que o envolvimento religioso reduz os sintomas depressivos e previne novas crises. É nítida a relação entre a menor incidência de sintomas de depressão entre as pessoas que professam algum tipo de fé e que frequentam com assiduidade determinada religião, comprovando que a prática de uma religião pode diminuir a depressão e também reduzir a recorrência das crises.

Em minha experiência pessoal, analisando grupo de cristãos e não cristãos, submetidos a cirurgia cardíaca e após infarto do miocárdio, tenho observado menor incidência de depressão nos primeiros.

É nítida a relação entre a prática da fé cristã e a menor incidência de depressão, podendo-se considerar a ausência de religiosidade como um dos fatores preditivos da ocorrência da depressão no pós-operatório das cirurgias cardíacas.

Conclusões

Embora existam vários estudos que comprovam a relação entre a religiosidade, a espiritualidade e a saúde, a ligação entre a medicina e a religião parece ser puramente intuitiva, pois não existe ainda nenhuma conotação científica que realmente comprove essa associação.

No quadro a seguir, apresentamos um resumo dos resultados das publicações médicas recentes. Embora convincentes, as pesquisas realizadas são metodologicamente inconsistentes, pois são dados epidemiológicos que apenas demonstram associação entre as situações, não provando relação causal entre religiosidade e menor incidência de doenças.

Existe uma dificuldade metodológica importante nos estudos existentes, pois a medida da espiritualidade ou da fé das pessoas é impossível. Toma-se como parâmetro a religiosidade, ou seja, a exteriorização da fé, aspecto passível de muitos erros.

Provavelmente muitos estudos deverão ser feitos com o objetivo de comprovar a relação entre fé e cura, mas certamente eles estarão sujeitos às mesmas críticas apontadas.

A religião, por sua vez, não precisa da medicina para validar os seus efeitos. Ela não necessita desse empirismo científico porque é baseada na fé das pessoas, e quando as questões são de fé não existe espaço para discussões.

Religião e saúde

A prática religiosa determina:

- Redução da incidência de depressão.
- Tratamento médico da depressão mais rápido e mais eficiente.
- Pós-operatório de grandes cirurgias com menor incidência de depressão.
- Redução de estresse, tendências às doenças e desânimo.
- Redução da mortalidade total.
- Maior longevidade.
- Redução da incidência de doenças cardíacas e da hipertensão arterial.
- Pós-operatório de cirurgias cardíacas com menos complicações.
- Menor incidência de câncer.
- Maior sobrevida aos portadores de câncer.
- Modificações nos hábitos de vida com consequente redução de cirrose hepática (álcool), do enfisema pulmonar (cigarro) e câncer.

Estou com depressão? Faça seu autoteste

Este questionário consiste em 21 grupos de afirmações. Depois de ler cuidadosamente cada grupo, faça um círculo em torno do número (0, 1, 2 ou 3) diante da afirmação, que descreve melhor a maneira como você tem se sentido nesta semana, incluindo hoje. Se várias afirmações num grupo parecerem se aplicar igualmente bem, faça um círculo em cada uma. Tome o cuidado de ler todas as afirmações, em cada grupo, antes de fazer a sua escolha. Vamos lá:

1. 0 Não me sinto triste.
   1 Eu me sinto triste.
   2 Estou sempre triste e não consigo sair disso.
   3 Estou tão triste ou infeliz que não consigo suportar.
2. 0 Não estou especialmente desanimado quanto ao futuro.
   1 Eu me sinto desanimado quanto ao futuro.
   2 Acho que nada tenho a esperar.
   3 Acho o futuro sem esperança e tenho a impressão de que as coisas não podem melhorar.
3. 0 Não me sinto um fracasso.
   1 Acho que fracassei mais do que uma pessoa comum.
   2 Quando olho para trás, na minha vida, tudo o que posso ver é um monte de fracassos.
   3 Acho que, como pessoa, sou um completo fracasso.

4. 0 Tenho tanto prazer em tudo como antes.
 1 Não sinto mais prazer nas coisas como antes.
 2 Não encontro um prazer real em mais nada.
 3 Estou insatisfeito ou aborrecido com tudo.

5. 0 Não me sinto especialmente culpado.
 1 Eu me sinto culpado às vezes.
 2 Eu me sinto culpado na maior parte do tempo.
 3 Eu me sinto sempre culpado.

6. 0 Não acho que esteja sendo punido.
 1 Acho que posso ser punido.
 2 Creio que vou ser punido.
 3 Acho que estou sendo punido.

7. 0 Não me sinto decepcionado comigo mesmo.
 1 Estou decepcionado comigo mesmo.
 2 Estou enojado de mim.
 3 Eu me odeio.

8. 0 Não me sinto de qualquer modo pior que os outros.
 1 Sou crítico em relação a mim devido a minhas fraquezas ou meus erros.
 2 Eu me culpo sempre por minhas falhas.
 3 Eu me culpo por tudo de mal que acontece.

9. 0 Não tenho quaisquer ideias de me matar.
 1 Tenho ideias de me matar, mas não as executaria.
 2 Gostaria de me matar.
 3 Eu me mataria se tivesse oportunidade.

10. 0 Não choro mais que o habitual.
 1 Choro mais agora do que costumava.
 2 Agora, choro o tempo todo.
 3 Costumava ser capaz de chorar, mas agora não consigo, mesmo que o queira.

11. 0 Não sou mais irritado agora do que já fui.
    1 Fico molestado ou irritado mais facilmente do que costumava.
    2 Atualmente me sinto irritado o tempo todo.
    3 Absolutamente não me irrito com as coisas que costumavam irritar-me.
12. 0 Não perdi o interesse nas outras pessoas.
    1 Interesso-me menos do que costumava pelas outras pessoas.
    2 Perdi a maior parte do meu interesse nas outras pessoas.
    3 Perdi todo o meu interesse nas outras pessoas.
13. 0 Tomo decisões mais ou menos tão bem como em outra época.
    1 Adio minhas decisões mais do que costumava.
    2 Tenho maior dificuldade em tomar decisões do que antes.
    3 Não consigo mais tomar decisões.
14. 0 Não sinto que minha aparência seja pior do que costumava ser.
    1 Preocupo-me por estar parecendo velho ou sem atrativos.
    2 Sinto que há mudanças permanentes em minha aparência que me fazem parecer sem atrativos.
    3 Considero-me feio.
15. 0 Posso trabalhar mais ou menos tão bem quanto antes.
    1 Preciso de um esforço extra para começar qualquer coisa.
    2 Tenho de me esforçar muito até fazer qualquer coisa.
    3 Não consigo fazer nenhum trabalho.

16. 0 Durmo tão bem quanto de hábito.
    1 Não durmo tão bem quanto costumava.
    2 Acordo uma ou duas horas mais cedo do que de hábito e tenho dificuldade para voltar a dormir.
    3 Acordo várias horas mais cedo do que costumava e tenho dificuldade para voltar a dormir.
17. 0 Não fico mais cansado que de hábito.
    1 Fico cansado com mais facilidade do que costumava.
    2 Sinto-me cansado ao fazer quase qualquer coisa.
    3 Estou cansado demais para fazer qualquer coisa.
18. 0 Meu apetite não está pior do que de hábito.
    1 Meu apetite não é tão bom quanto costumava ser.
    2 Meu apetite está muito pior agora.
    3 Não tenho mais nenhum apetite.
19. 0 Não perdi muito peso, se é que perdi algum ultimamente.
    1 Perdi mais de 2,5 kg.
    2 Perdi mais de 5,0 kg.
    3 Perdi mais de 7,5 kg.
    Estou deliberadamente tentando perder peso, comendo menos: SIM ( ) NÃO ( )
20. 0 Não me preocupo mais que o de hábito com minha saúde.
    1 Preocupo-me com problemas físicos como dores e aflições ou perturbações no estômago ou prisão de ventre.
    2 Estou muito preocupado com problemas físicos e é difícil pensar em outra coisa que não isso.
    3 Estou tão preocupado com meus problemas físicos que não consigo pensar em outra coisa.

21. 0 Não tenho observado qualquer mudança recente em meu interesse sexual.
1 Estou menos interessado por sexo que costumava.
2 Estou bem menos interessado em sexo atualmente.
3 Perdi completamente o interesse por sexo.

Resultados: A soma dos pontos deverá ser comparada com os valores da tabela abaixo, com grande probabilidade de acerto.

Menor do que 10 pontos:	sem depressão
De 10 a 18 pontos:	depressão leve
De 19 a 39 pontos:	depressão moderada
De 40 a 63 pontos:	depressão grave

A busca de Ivone

Ivone veio ao meu consultório, há cerca de 3 anos, queixando-se de dor no peito, falta de ar e palpitações.
Era uma moça de 24 anos que estava apavorada com seus sintomas, pois acreditava estar por um fio para ter um infarto.
Ouvi com muita paciência as suas queixas, de uma forma passiva, raramente interferindo no relato, para evitar quebrar o raciocínio da conversa.
Após as perguntas de praxe, o exame físico detalhado que faço questão de fazer (infelizmente, hoje em dia, alguns colegas não examinam os pacientes, esquecendo-se de que o exame físico, além de ser importante para o diagnóstico das doenças, é instrumento de contato entre o médico e o paciente, iniciando essa relação), pedi-lhe que fizesse alguns exames, adiantando que não tinha encontrado, até então, nenhum sinal que me fizesse pensar na existência de doença cardiológica.
Esse tipo de situação é muito frequente nos consultórios de cardiologia, pois cerca de 70 a 80% dos pacientes que nos procuram com essas queixas não são portadores de doença cardíaca, mas sim de sintomas somatizados a partir de situações de angústia, depressão e estresse.
Depois de certo tempo, Ivone voltou ao consultório trazendo os resultados dos exames pedidos. Após analisá-los,

percebi que não existia nada que pudesse causar tantos sintomas, a não ser um distúrbio psicossomático, ou seja, algum problema emocional seria o responsável por tudo.

Inquirida sobre sua vida emocional, respondeu-me que vivia com a mãe, trabalhava na área de saúde e tinha um relacionamento afetivo perturbado, fato que atribuiu como responsável pelos seus sintomas.

Achei melhor não aprofundar mais no assunto para não perder o foco da consulta, mas ao perguntar-lhe sobre espiritualidade, contou-me que era católica, fez primeira comunhão e, quando adolescente, participou de grupo de jovens na sua paróquia. Naquele momento estava afastada da igreja, embora sua mãe fosse "muito" praticante.

Ao sentir que existia pelo menos uma semente plantada, sutilmente sugeri que ela rezasse pedindo a Deus que a protegesse e a livrasse daquilo tudo que estava passando. Pedi-lhe também a leitura diária da Palavra de Deus, iniciando pela Carta de São Paulo aos Filipenses, documento que tem para mim importância extrema, principalmente para o início do processo de cura interior.

Meses depois, Ivone voltou para consultar, relatando melhoria dos sintomas e logo de início começou a falar abertamente da sua vida

– Dr. Roque, vou falar uma coisa para o senhor que eu tenho a certeza de que não vai gostar, pois sei que é muito católico.

– Vamos ver, conte-me sem medo, respondi-lhe.

– Doutor, meu pai morreu assassinado quando eu era muito pequena, lembro-me de ter visto ele morto no chão. Minha mãe me criou com muita dificuldade, embora tenha sido filha única, mas sinto muito a falta dele até agora.

E soluçando continuou:

– Sempre rezamos por ele em casa, pois, como disse ao senhor, minha mãe é católica, praticante e gosta muito do Padre Marcelo.

Eu, após começar a sair por aí, deixei de ir à igreja porque os padres eram muito chatos e ficavam me recriminando por atitudes que eram muito normais na minha idade.

Como eu poderia, naquela época, ficar sem namorar, sem sexo? O senhor acha que eu faria isso só porque os padres diziam que era pecado?

Fazia tudo escondido da minha mãe, pelo menos até completar os meus 18 anos.

Namorei vários rapazes, sendo um deles de uma família espírita. Quando lhe falei sobre a saudade e a falta que tinha do meu pai, falou-me para ir ao centro espírita que frequentava para que me comunicasse com o espírito do meu pai.

Comecei a frequentar as reuniões espíritas, primeiro para falar com o meu pai (o que nunca aconteceu), depois, após brigar com meu namorado, ia ao centro para arrumar marido, para ganhar dinheiro, para passar de ano na escola e, finalmente, fui com o intuito de prejudicar uma amiga minha que roubou meu namorado. Quando menos percebi, já estava fazendo despachos nas encruzilhadas, e até no cemitério, com a promessa de me tornar mãe de santo.

Trabalho em um hospital da prefeitura como auxiliar administrativa e estudo à noite. No trabalho conheci um médico, casado, que começou a se engraçar por mim, iniciando um relacionamento que no começo foi muito bom, mas a partir do momento em que comecei a exigir maior presença dele comigo, as coisas começaram a esfriar e começamos a brigar muito.

Sempre que vou à casa do pai de santo, peço-lhe que faça um trabalho para que o Edu venha definitivamente para mim, deixando a mulher e os dois filhos. Gastei muito dinheiro com isso e parece que tudo piorou, pois fiquei "dura" e cada vez mais sem o Edu, devido às nossas brigas constantes.

Para piorar tudo, minha mãe descobriu que o Edu era casado e soube por uma colega minha que eu frequentava sessões de umbanda e de candomblé.

Doutor, minha vida virou um inferno. Minha mãe está me deixando louca. Não mudo de casa pois não posso deixá-la sozinha, pois apesar de tudo eu a amo muito. Acabei terminando com o Edu e não volto mais naquele vigarista do pai de santo.

Quando estive aqui, na última vez, o senhor me falou em rezar.

Pois bem, eu fiz isso. Abri a minha Bíblia que estava toda empoeirada no meu quarto e todas as noites lia e refletia sobre tudo. Li a Carta de São Paulo aos Filipenses que o senhor me recomendou, mas não adiantou nada, minha vida continua virada de pernas para o ar.

Enquanto ela enxugava suas lágrimas, comecei a pensar sobre o caso e logo percebi o perigo que corria, pois assim como essa moça procurou no amante mais velho a figura do pai, poderia estar transferindo para mim esse papel, de uma forma inconsciente e patológica.

Minha experiência de vida deu-me a capacidade de reconhecer os limites do relacionamento médico sadio e correto e minha experiência com Deus deu-me o discernimento de perceber a presença do Encardido encorajando-me ou criando situações para consumar situações pecaminosas.

Pensei comigo: Não vou mais tratar dessa moça, pois além de não ser psiquiatra, o tempo reservado para o atendimento é muito pequeno (este é um drama dos médicos que são obrigados a atender convênios médicos que remuneram de forma aviltante as consultas, obrigando os profissionais a atenderem mais pacientes para perfazerem remuneração suficiente para viver).

Ao mesmo tempo, veio à minha mente: Por que não? E se Deus está enviando para mim essa pessoa para que eu possa mostrar a mim mesmo que sou capaz de vencer o Encardido? Nesse momento lembrei-me da Palavra de Deus, quando São Paulo disse:

"Tudo posso naquele que me fortalece";

e ainda ouvi:

"Deus não nos dá fardo maior do que nós podemos carregar".

Revigorado na Palavra e após rezar uma Ave-Maria, pedindo que Nossa Senhora me orientasse naquele momento, continuei:

– Minha filha, disse eu (Embora dizendo estas palavras pudesse reforçar ainda mais a suposta imagem de pai que Ivone estivesse procurando, o fato de dizer MINHA FILHA atingiu de uma forma direta o seu inconsciente, fazendo o seu consciente entender os limites da barreira colocada.), vejo que sua vida não tem sido nenhum mar de rosas, mas devemos acreditar na providência divina, pois por você ter vindo aqui por causa de uma falsa doença física, vou poder tratar uma verdadeira doença espiritual.

Acho que Deus permitiu que eu pudesse conhecer as seitas espirituais que frequentei, como contei no meu livro *Milagres que a medicina não contou*, para que agora tivesse a condição de orientar as pessoas que porventura estivessem na mesma situação. Tenho certeza de que sou um "doutor" nesse assunto, sendo capaz de contra-argumentar com qualquer um a respeito do espiritismo, embora respeite a individualidade e o livre-arbítrio das pessoas.

Sei que nós, médicos, não podemos interferir nas preferências religiosas dos pacientes, mas como cristãos somos obrigados a orientar os irmãos desinformados, sem no entanto entrar na sua individualidade.

Sou obrigado a aceitar a preferência religiosa, mas sempre explico que é impossível existir cristianismo junto com espiritismo, ou seja, é paradoxal um católico frequentar centro espírita, tomar passe espiritual e ir comungar na missa.

Mas continuando a consulta, disse-lhe:

– Não é fácil se libertar dessas cadeias que estavam lhe aprisionando, embora você se tenha decidido a tal. Além disso, existe o perigo da recaída. A única forma que você tem para evitá-la é aprofundar-se cada vez mais na Palavra de Deus. Tenho certeza de que você vai se fortalecer com a leitura diária da Bíblia e de alguns livros de espiritualidade católica. Receitei-lhe um tranquilizante e pedi que voltasse em alguns meses.

Um mês depois, Ivone voltou ao consultório para pedir-me uma receita do medicamento que tomava e contou-me:

– Doutor Roque, melhorei muito, sou outra pessoa, fiz tudo o que o senhor me mandou. A leitura foi muito boa para mim, por meio dela pude entender muita coisa e principalmente me curar de muitas feridas.

– Que bom, minha filha, graças a Deus você conseguiu se encontrar com você mesma e, principalmente, com Deus. Continue na sua caminhada pois não pense você que o Encardido desanima fácil. Fique esperta, ou seja:

"Vigiai e orai".

– Doutor, voltei à minha paróquia e já estou participando do coral dos jovens. Estou indo às missas todos os domingos e também ao grupo de oração durante a semana. Quanta coisa boa está acontecendo comigo.
Perguntei-lhe: – E o caso com o médico? Acabou mesmo?
– Graças a Deus, doutor, acabou, nunca mais o vi. Resolvi que não quero mais namorar com qualquer um, vou esperar chegar o "príncipe dos meus sonhos".
Aproveitando a deixa, falei-lhe:
– Ivone, o nosso corpo é templo do Espírito de Deus, daí nós temos de cuidar dele como uma pedra preciosa. Não tem sentido você usá-lo para um simples prazer sexual. Acho que você está certa em se resguardar (nunca é tarde para tal) para uma pessoa que você realmente ame e que possa ter um relacionamento abençoado por Deus.
Ivone saiu contente do consultório e eu fiquei feliz em saber que a vida daquela moça estava entrando nos eixos.
Caro leitor, não pense você que a história acabou por aqui, pois alguns meses depois ela voltou novamente em consulta, para revisar a necessidade de continuar a tomar o medicamento prescrito.
Dizendo-me estar voltando a estudar, e dispondo-se a prestar vestibular para a faculdade de medicina, veio se aconselhar comigo na escolha do melhor curso preparatório.

Continuava cada vez mais engajada no movimento jovem da sua paróquia e cada vez mais firme na Palavra do Senhor.

Percebi, nesse dia, a mudança importante na expectativa de vida dela, pois, para quem considerava sua vida um inferno, as coisas estavam melhorando muito, graças ao seu "sim" ao Senhor.

Tempos depois Ivone procurou-me no consultório, e toda ansiosa veio falar-me:

– Doutor, estou apaixonada! Ele é uma pessoa maravilhosa, minha mãe o adora e nós vamos casar. Gostaria que o senhor fosse no meu casamento.

– Que bom, Ivone, respondi, se pudermos, Gisela e eu iremos ao seu casamento com muito prazer e assim poderei também conhecer a sua mãe. Falando nela, como é que vai a sua vida religiosa? Firme na caminhada, não é?, perguntei-lhe, lembrando-me da nossa última conversa.

– Doutor, por que o senhor lembrou disso?, disse-me, amedrontada. O meu namorado não é católico, é kardecista. Frequenta centro espírita de mesa branca, onde se faz o bem para as pessoas.

– Sua mãe sabe disso?, perguntei-lhe.

– Sabe, doutor, muito a contragosto ela o aceitou. Ele é bonzinho, doutor, e gosta muito de mim e nos trata muito bem.

– Muito bem, Ivone, peço a Deus que os abençoe nessa união e que tudo decorra com muita paz e felicidade.

Só voltei a ver a Ivone muitos meses depois, quando veio ao consultório, grávida e com queixas de palpitação, falta de ar, mal-estar, sintomas muito comuns durante a gravidez normal.

Após revisão detalhada dos sintomas e exame físico apurado, confirmei a inexistência de qualquer problema cardiológico e, desejando-lhe boa gravidez, disse-lhe:

– E a religião? A quantas anda? Está indo à missa todos os domingos?

– Doutor, o senhor sabe que o meu marido é espírita. Fizemos um acordo em cada um respeitar a religião do outro, para evitarmos problemas conjugais. Ele vai ao centro espírita toda quarta-feira à noite. No início, eu ia à missa todos os domingos, mas agora deixei de ir, pois quase sempre nós saímos para passear e quando percebo já perdi o horário das missas, mas prometo que vou voltar a frequentar a igreja.

– Tudo bem, disse-lhe. Não deixe de ouvir os conselhos da sua mãe. Tenho certeza de que ela não gostou desse seu afastamento.

Passaram-se alguns meses, e um dia recebo um telefonema da mãe da Ivone, contando-me que tinha nascido um bebê, mas que a filha estava muito deprimida e em péssimas condições psicológicas. Por isso tinha me ligado, para pedir-me que a atendesse, pois sabia que a filha ouvia muito o que eu lhe falava.

Contou-me que, logo após voltar da maternidade, Ivone começou a entrar em um estado depressivo intenso.

Ficava horas e horas sozinha no quarto, chorando copiosamente, não se alimentava e não queria amamentar o filho. Não pegava o bebê no colo e evitava ao máximo qualquer tipo de contato físico com ele, até mamadas.

– Fui obrigada a me mudar para a casa do casal, dizia-me a mãe, pois tinha de cuidar da criança, já que a filha não tinha ânimo e disposição para nada. Cheguei até a me preocupar com a vida da criança, doutor, disse-me ela.

A situação familiar estava péssima, pois o marido permanecia atônito com esse tipo de circunstância, que teoricamente deveria ser de grande felicidade pelo nascimento do primeiro filho. Muito pelo contrário, era um ambiente de profunda tristeza, angústia e depressão.

Não dava para entender nada do que estava acontecendo.

– Doutor, parece coisa do Encardido, disse-me Dona Cida.

Ouvi tudo aquilo que ela me falou pelo telefone, coloquei-me à disposição para atender a filha o mais rápido possível.

Logo que desligou o telefone, comecei a me lembrar dos casos que tinha visto na minha vida médica, de depressão pós-parto, que não tinham sido muitos, mas foram marcantes pelo "estrago" psicológico que essa doença ocasiona na mulher e nos familiares.

O que é depressão pós-parto?

Cerca de 30% ou mais das mulheres que dão à luz podem apresentar, nos primeiros dias do pós-parto, a chamada tristeza pós-parto, que se caracteriza por um quadro de irritabilidade, depressão, humor variável, choro fácil e indisposição.

Esses sintomas podem persistir por até 2 semanas e, habitualmente, não fazem com que a mulher deixe de realizar os seus afazeres.

A depressão pós-parto, por sua vez, já é um quadro mais grave, aparece por volta da quarta semana depois do parto e ocasiona insônia, instabilidade afetiva, irritabilidade, falta de apetite, isolamento social, ideias suicidas e outros sintomas da depressão e ocorre em cerca de 10% das parturientes.

A mãe pode chegar a ter pensamentos homicidas em relação ao bebê. Nessas circunstâncias é importante separar a criança da mãe, pois existem casos descritos de infanticídio.

Os casos mais leves duram em torno de 30 dias, e se resolvem espontaneamente, e os mais graves podem persistir até por 2 anos.

As mulheres com sintomas emocionais pré-menstruais antes da gravidez e as que tiveram episódios depressivos prévios são as mais propensas a apresentar a depressão pós-parto.

As condições existenciais e vivenciais nas quais se dá a gravidez podem influenciar a ocorrência da depressão pós-parto. Foi de 23% a incidência desse transtorno em parturientes adolescentes, enquanto para pacientes adultas foi de apenas 11,9%.

A incidência de depressão pós-parto é expressiva em pacientes que experimentam dificuldades adaptativas à gestação, como, por exemplo, nos casos de gravidez não desejada, gravidez contrária à vontade do pai, situação civil irregular, gravidez repudiada por familiares, carência social e outros fatores capazes de desestabilizar emocionalmente a relação entre a paciente e sua gravidez.

Elas estão felizes por serem mães, mas infelizes pelas perdas que a maternidade irá lhe proporcionar, tais como a perda da autonomia do tempo, aparência, feminilidade, sexualidade e identidade ocupacional. Acredita-se que a depressão pós-parto seja consequência de alterações hormonais que ocorrem logo depois do nascimento do bebê.

A depressão de Ivone

Quando Ivone entrou no consultório, quase não a reconheci.

Estava abatida, pálida e com um aspecto muito estranho, pois parecia responder às minhas perguntas automaticamente, ou seja, como se fosse um robô. Sua mãe, com a criança no colo, tentava me explicar os sintomas da filha.

Já vinha sendo acompanhada por um psiquiatra que havia iniciado tratamento medicamentoso e psicanalítico.

Não consegui muita coisa durante essa consulta, pois Ivone encontrava-se num estado de letargia muito intenso, provavelmente por medicamentos que o psiquiatra tinha lhe receitado.

Conversei com sua mãe e pedi para que voltasse em uma semana, sempre deixando meus telefones de contato para qualquer emergência.

Uma semana depois Ivone voltou ao consultório, com o filho no colo e sem a mãe. Ao entrar na minha sala, começou a falar chorando:

– Dr. Roque, o senhor sabe que eu o considero um pai para mim. Consegui vir aqui sem a minha mãe para poder contar para o senhor tudo o que vem acontecendo comigo.

Assim que o meu filho nasceu, logo que cheguei à minha casa, vindo da maternidade, comecei a sentir uma tristeza muito grande.

Achei muito estranho sentir isso, pois afinal de contas tinha dado à luz o meu primeiro filho, graças a Deus uma criança normal.

Não sei por que, doutor, sentia uma irritação estranha, uma fraqueza profunda, não tinha vontade de comer, só queria dormir.

Abandonei todos os meus afazeres de casa, não tenho vontade de fazer nada e quando tento fazer alguma coisa, demoro um tempo enorme para tal. Nunca termino o que começo a fazer. Isto me irrita, doutor.

Todas as pessoas que me visitavam em casa me chateavam. Queria ficar sozinha, até longe do meu marido. O senhor sabe quanto amo aquele homem, mas sentia repugnância por ele, pela minha mãe e até pelo meu filho, dizia-me em prantos.

Comecei a me sentir cada vez mais fraca, cada vez mais sem vontade e disposição para fazer as coisas de casa, até tomar conta do meu filho, que amo muito, doutor, não sei por que estou sentindo isto, teve momentos em que até pensei em me matar, para acabar com esse meu sofrimento.

Doutor, quero confessar para o senhor, tive até vontade de matar o meu filho, não é uma loucura? Vim conversar isto tudo com o senhor, longe da minha mãe e do meu marido, porque senão vão achar que estou louca e vão me internar num hospício.

Muitas pessoas que me viram desta forma, em minha casa, falaram para que fosse a um centro espírita, pois achavam que devia existir algum "encosto" em mim. Eu não fui porque já tinha encerrado esse assunto na minha vida.

Resolvi vir aqui falar com o senhor como meu médico, mas também como meu orientador espiritual e como pai que é, pois estou desesperada, tenho medo de chegar à loucura e sinto que não tenho forças para sair dessa depressão.

Nesse momento percebi quão grave era a situação da Ivone, pois senti o perigo de uma tentativa de suicídio, tamanha era a culpa que ela sentia por estar naquela situação. Atribuía o seu estado a castigo divino, por ter frequentado seitas espíritas, interrogando ainda a possibilidade de estar sofrendo uma possível cobrança espiritual do seu passado.

A confusão mental da moça era enorme, pois ela já não conseguia exprimir um raciocínio por inteiro.

Enquanto ouvia a sua história, pedia a Deus que me iluminasse e me orientasse no momento em que teria de falar alguma coisa, pois tinha certeza de que Ivone ouviria e faria tudo o que eu pedisse.

Então disse a ela:

– Ivone, o que você tem não é nada de excepcional, pois muitas mulheres apresentam a "depressão pós-parto", tendo exatamente esses sintomas que você relatou. Não fique triste e principalmente não se culpe por estar se sentindo assim. Tudo isso é devido à alteração hormonal própria da gravidez, que algumas mulheres podem ter. Evidentemente que em você os sintomas estão muito intensos e prolongados, a despeito de estar sendo acompanhada pelo psiquiatra e tomando antidepressivos. Você tem de ter paciência e esperar um pouco mais, até que o remédio atue eficazmente, pois às vezes a medicação antidepressiva pode demorar até 2 semanas para ter efeito pleno, disse-lhe.

Ivone ouvia-me atentamente sem falar nada. Então perguntei:

– E a sua parte espiritual, a quantas anda? Afastou-se novamente de Deus?

– Totalmente doutor, respondeu-me. No início do meu casamento ainda ia à missa e o meu marido ao centro espírita mas, com o passar do tempo, abandonei tudo, principalmente após ficar grávida, pois fiquei com muita preguiça de tudo, ainda mais ir à missa. Doutor, estou achando que tudo isto é para que eu pague minhas culpas, meus erros. O senhor sabe quanta coisa fiz de errado na minha vida.

Vendo-a naquele estado percebi que não devia falar muita coisa para ela pois tinha certeza de que não guardaria nada. Achei melhor deixá-la desabafar tudo, chorar o quanto pudesse até que disse:

– Filha, a única coisa que você pode fazer é entregar tudo isto que está acontecendo a Deus. Não é fácil, mas possível, desde que você queira. Para tal, faça, junto com a sua mãe, a Novena da Cura da Depressão do Padre Antonio Maria.

E lembre-se bem do que sempre falo para você, não se esqueça de diariamente ler a Palavra de Deus.

Prometa-me que irá fazer o que estou lhe pedindo e volte daqui a duas semanas para conversarmos. Se tiver algum tipo de dúvida, por favor, ligue-me.

Terminando a consulta, disse-lhe:

– Vá com Deus, minha filha, e que o manto de Maria a cubra e a proteja, pois ela foi Mãe como você.

Ivone foi embora, com aspecto melhor, pois durante a consulta pôde colocar para fora todas as suas dúvidas, seus fantasmas e seus desafetos.

Um mês depois, voltou Ivone ao consultório, com o filho no colo, como se nada houvesse acontecido. Percebendo o fato, logo de início perguntei:

– Tudo bem com você? E aquelas coisas? Foram embora?

– Graças a Deus, doutor, tudo agora está muito bem. Tudo voltou ao normal na minha casa. Minha mãe voltou para a casa dela. Somos um lar feliz e com Deus.

Estou frequentando a Igreja de Santa Teresa de Ávila, que fica do lado da minha casa, vou à missa e comungo quase diariamente, como o senhor me pediu para fazer. Sinto que a escuridão da minha vida foi embora para a entrada da luz de Deus.

Vim aqui apenas para lhe dar essa boa notícia e para que o senhor visse o meu filho, disse-me, despedindo-se.

Ivone foi embora. Fiquei com a sensação do dever cumprido, ou seja, aquela coisa gostosa que a gente sente quando sabe que fez aquilo que o Senhor pediu. É uma emoção muito forte, indescritível, que sempre me faz rolar algumas lágrimas, que tive de esconder rapidamente, pois a Dalva, minha querida assistente de consultório, já entrava na sala, toda apressada, pois como havia demorado um pouco a mais do tempo previsto com a Ivone, já existiam burburinhos de reclamações dos outros clientes que esperavam a sua vez de ser atendidos.

Amigo leitor, a história da Ivone está parecendo aqueles enlatados de televisão que nunca terminam, ou seja, sempre o enredo continua de forma a surgirem os números II, III etc., pois por mais incrível que pareça, alguns meses depois, volta a Ivone ao meu consultório, dizendo-me:

– Dr. Roque, o senhor vai brigar comigo, pois vim aqui para dizer que estou novamente grávida. Meu filho está bem, meu relacionamento conjugal excelente e minha vida espiritual em ordem, pois continuo observando tudo aquilo que o senhor sempre me recomendou. Já estive no obstetra, que me solicitou uma avaliação cardiológica pois estou começando a sentir as palpitações que sempre me incomodaram.

– Não sei por que deveria estar bravo com você, respondi-lhe. A gravidez é um dom de Deus e sempre devemos recebê-la com muita alegria. Entendo a sua preocupação, mas em primeiro lugar, vamos fazer alguns exames para ver como está o seu coração e depois disso conversaremos.

Os exames, como esperado, vieram normais, apenas receitei uma medicação para controlar os batimentos do coração, mas antes que entregasse para ela a receita, começou a falar:

– Doutor, estou morrendo de medo de que aquelas coisas que senti após o nascimento do meu filho apareçam novamente. Não gosto nem de me lembrar da época horrível que passei.

Evidentemente que a chance que tinha de novamente apresentar a depressão pós-parto era grande, pelos seus antecedentes, mas também tinha a certeza de que um bom preparo para evitar esse problema seria eficaz e salutar.

Deixei por conta do obstetra e do psiquiatra toda a orientação do caso, furtando-me apenas a acompanhar a parte cardiológica e fazer o aconselhamento espiritual da paciente. Como a conhecia muito bem, talvez mais do que o próprio psiquiatra, e sabia da importância de Deus na sua vida, resolvi encorajá-la ainda mais para se agarrar na fé em Jesus Cristo e Nossa Senhora e também em Santa Teresinha do Menino Jesus, pois tinha absoluta certeza de que onde está Deus está a luz, não existem trevas, não existe escuridão, não existe depressão.

Senti naquele momento que, se Ivone tivesse mais fé, ela conseguiria evitar a depressão pós-parto. Insisti para que fosse diariamente à missa e comungasse, para que se confessasse mensalmente, que se dispusesse a fazer um jejum semanal (de pão e água para evitar as hipoglicemias da gravidez), que lesse a Palavra de Deus diariamente e que rezasse o terço todos os dias. Na verdade repeti o que Nossa Senhora pede quando aparece em Medjügorje, as cinco pedras para destruir os "Golias" da atualidade.

Muitos católicos não sabem da importância da confissão na cura dos nossos problemas. Um grande médico psiquiatra, Carl G. Jung, apesar de ser agnóstico, em seu tratado *Psicologia das Religiões Ocidentais* enfatiza a importância desse sacramento na cura psicológica dos pacientes.

Durante a confissão, nosso inconsciente vê o sacerdote como o elemento simbólico representante de Deus. O simbolismo do sacerdote é a linguagem que o inconsciente usa para abrir as suas portas. Por outro lado, ao contar as culpas e pecados ao sacerdote, está conscientemente exprimindo a Deus todas as suas faltas.

Jung, embora filho de protestantes, reconhece a falta que faz esse sacramento para as religiões cristãs separadas. Com o movimento reformista liderado por Lutero e Calvino, muitos símbolos cristãos deixaram de ser usados, elementos estes importantes para a linguagem do inconsciente.

Após ouvir as minhas considerações e conselhos, Ivone foi embora alegre e decidida a se fortalecer ainda mais na fé.

Algum tempo depois, ela voltou ao consultório, acompanhada da mãe e dos dois filhos. Perguntei-lhe:

– Como foi o parto? O nenê nasceu bem? E você como está?

– Doutor Roque, está tudo muito bem. Estou voltando do psiquiatra. Não vou voltar mais lá. O senhor acredita que ele me mandou procurar um centro espírita? Chega, né, doutor, já entrei nessa fria uma vez. Agora, nunca mais, quero distância.

As coisas estão caminhando muito bem, meu marido não está mais indo ao centro espírita, está me acompanhando nas missas dominicais. Estamos pretendendo fazer um encontro de casais que vai acontecer na minha paróquia.

– Mas Ivone, e o parto, como foi? Você estava muito temerosa da depressão pós-parto. Conte-me.

– Doutor, eu estava com muito medo do parto, apesar de me apegar muito a Deus e a Nossa Senhora. Sabe como é, doutor, por mais que a gente entregue os problemas para Deus, sempre sobra um pouquinho na nossa mão. A gente não consegue entregar tudo.

No dia marcado para ir à maternidade, onde deveria ser submetida a uma cesárea, estava desesperada pedindo a Deus que me protegesse e que Ele evitasse a depressão. Após terminar uma oração, resolvi ver a correspondência que estava embaixo da minha porta. Ao pegá-la, senti a presença de Deus, pois naquele dia estava recebendo um jornal católico, que dizia para não temermos e para não termos medo das situações pois o Senhor está sempre conosco. Recebi aquilo como um sinal de Deus, dirigi-me à maternidade confiante e certa de que "Se Deus está comigo, quem estará contra mim?"

Para mim foi indescritível o que estava vendo, pois pude comparar a Ivone que chegou pela primeira vez no meu consultório, com a que presenciava aquele momento.

Antes era uma pessoa absolutamente desorientada, sem objetivos na vida, repleta de medos e angústias, fazendo do seu presente um palco de recordações conscientes e inconscientes do seu passado.

Aos poucos ela foi mudando, passando por momentos difíceis e quase insuperáveis, mas graças ao seu "sim", ao chamado do Senhor, pôde paulatinamente sair do incerto, tornando-se uma mulher segura de si e principalmente firme na fé em Deus e em Nossa Senhora.

Lembro-me agora de um artigo que li recentemente em uma revista médica cujo título achei muito interessante. Era o seguinte: "Depressão: ausência de espiritualidade ou desespiritualização". Nesse artigo, o autor, um psiquiatra australiano, afirma que a religiosidade pode evitar o aparecimento de crises de depressão e mesmo ajudar no tratamento médico dessa doença.

Com Ivone aconteceu exatamente isto, ou seja, seguramente, após seu retorno real à Igreja Católica, ela pôde enfrentar com maiores forças o mal que quase certamente deveria aparecer na sua segunda gestação.

Refletindo sobre o caso, lembrei-me das palavras do Padre Léo, da Comunidade Bethânia, no dia em que me convidou para participar do seu programa na TV, *Canção Nova, a Tenda do Senhor*.

Nesse programa, repetindo o que tinha dito numa pregação anterior, disse:

– Durante a passagem pelo deserto, quando o povo de Deus estava louvando o Senhor, havia fartura e não existiam desgraças. Quando, no entanto, estavam murmurando contra o Senhor, vinham pestes, fome, sede, ou seja, desgraças, dizia padre Léo.

Foi isso que aconteceu com a Ivone, pois quando estava afastada de Deus, ou seja, vivendo os prazeres do mundo, invocando o espírito de mortos, mantendo relacionamentos proibidos, só atraía desgraças, não era feliz, pois estava fazendo tudo aquilo que o Senhor abomina.

Após todo o sofrimento, reencontra-se com Deus, de uma forma incompleta, pois passado o entusiasmo inicial, novamente deixa de frequentar as liturgias. Não volta às seitas espíritas, cessa os relacionamentos proibidos, mas por outro lado, também não retorna à Igreja.

Nesse momento, lembrei-me da passagem do evangelho de Mateus, quando Jesus disse:

"Quando o espírito impuro sai de um homem, procura outro lugar para repousar. Se não o encontra, volta à casa de onde saiu. Ao voltar, encontrando a casa vazia, limpa e enfeitada, vai buscar sete outros espíritos piores do que ele, para juntos entrarem naquela casa" (Mateus, 12, 43-45).

Ivone não manteve, após o seu reencontro com Deus, acesa a chama do Senhor. Embora tenha tido esse momento de luz, deixou a casa limpa, enfeitada e aberta para a entrada dos "sete espíritos maus" que a empurraram para a depressão.

Após perseverar na sua caminhada, com missa e comunhão diárias, leitura da Palavra de Deus, oração do terço, jejum semanal e a confissão mensal, pôde preencher a "sua casa" com o Espírito de Deus, afastando os hóspedes maus.

Tenho certeza de que o caso da Ivone foi muito pedagógico para todos nós, pois mostra que devemos perseverar na nossa fé, para que possamos deixar a nossa "casa" limpa para ser ocupada por Deus, afastando assim a possibilidade de doenças conforme demonstram pesquisas médicas no mundo inteiro.

No dia do coquetel de lançamento da primeira edição deste livro, em meio aos participantes, eis que recebo Ivone, seu marido e os dois filhos. Fiquei muito contente com a presença deles e entre cumprimentos ela me sussurou no ouvido:

– Doutor, meu marido está totalmente convertido para a nossa fé. Abandonou o espiritismo e hoje não perde missas e nem reuniões do grupo de oração.

– Louvado seja o Senhor, respondi-lhe.

Depressão e menopausa!

Tenho recebido muitos e-mails e cartas de leitores sobre meu primeiro livro, *Milagres que a medicina não contou*, cá entre nós, um grande milagre, pois, graças a Deus, tornou-se rapidamente um dos mais vendidos do gênero.

Os leitores deram testemunhos pessoais, fizeram elogios ao livro, mas o assunto mais comentado por todos foi a má qualidade do atendimento da medicina atual. Queixaram-se da falta de humanismo dos profissionais e da frieza do relacionamento médico/paciente. O doente deixou de ser o objeto da consulta, em seu lugar ficou a doença. Um leitor, médico de Cachoeiro do Itapemirim, escreveu-me uma frase que achei muito interessante:

*"Passamos a ser máquinas humanas
cuidando de outras máquinas".*

De fato, o processo de supervalorização das ciências biológicas, da superespecialização e da grande evolução dos meios tecnológicos, que acompanharam o desenvolvimento da medicina nestas últimas décadas, trouxe, como consequência mais visível, a "desumanização" do médico. Esse profissional foi se transformando cada vez mais em um técnico, um especialista, um profundo conhecedor de exames complexos, precisos e especializados, deixando de lado os aspectos humanos presentes nos pacientes.

Isso vem acontecendo não apenas por força das exigências de uma formação cada vez mais especializada, mas também em função das transformações nas condições sociais de trabalho. A proletarização do médico, colocando-o nas mãos dos planos de saúde, restringiu barbaramente a sua disponibilidade para o contato com o paciente.

A relação médico/paciente está atualmente estruturada em cima dos planos de saúde, ou seja, os verdadeiros "donos" dos pacientes são os convênios médicos que ditam as regras do atendimento ao seu associado. Embora existam regulamentações oficiais impostas pelo governo federal tentando controlar as ações dos planos de saúde, é frequente vermos contratos serem encerrados, unilateralmente, cortando antigos vínculos entre médico e paciente.

Esses fatos, no entanto, não são justificativas para o distanciamento do médico do seu cliente. Pequenas atitudes ou palavras de carinho e atenção podem às vezes ser mágicas; mesmo na "correria" do atendimento dos convênios médicos, a satisfação do paciente pode ser conseguida.

Infelizmente, para manter remuneração condizente, somos obrigados a atender um número exagerado de consultas, devido ao pequeno valor recebido por atendimento, o que leva a sobrecarga de trabalho, estresse e cansaço físico. Isto tudo pode interferir no rendimento do desempenho profissional, criando possibilidade de erros médicos, às vezes fatais.

Também passo por esses momentos de atividade intensa. Um dia, no intervalo da última consulta, após ter atendido mais de 15 pacientes, estava extremamente cansado e quase no fim das minhas forças quando me lembrei que ainda teria de visitar um paciente internado em outro hospital.

Só de pensar em sair do Incor, às sete e meia da noite, numa sexta-feira, e dirigir até a avenida Nove de Julho no trânsito maluco de São Paulo, já me deixava mais cansado ainda.

Nessas horas, no entanto, sempre peço a Deus que me dê forças para cumprir a minha missão médica e, ao mesmo tempo, agradeço e louvo o Senhor por me ter dado condição de trabalhar e de ser um médico muito procurado pelos pacientes. Isso me conforta e me dá força para continuar a jornada.

Mas esse dia foi especial, pois lembrei-me do evangelho do dia, no qual Jesus, respondendo aos apóstolos à pergunta de quando seria a vinda do Senhor, lhes disse:

"Quanto àquele dia e àquela hora, ninguém o sabe, nem mesmo os anjos do céu, mas somente o Pai" (Mateus, 24,36).

A partir desse momento, realmente "caiu a minha ficha", pois entendi o recado do Senhor para mim, ou seja, percebi que o paciente que deveria atender poderia efetivamente ser o último na minha vida.

Pensei: E se após essa consulta Ele me chamar, será que vou Lhe entregar os talentos multiplicados? Ou será que Ele vai me expulsar de sua casa, como Jesus conta na Parábola dos Talentos (*Mateus*, 25,14-30) por enterrar o talento que Ele me deu? Depois desse dia, sempre me questiono em relação à qualidade do meu atendimento, faço minha autocrítica, sempre reafirmando não ter a mínima intenção de ser hóspede do Encardido, ou seja, tentando fazer o meu trabalho sempre como se fosse o último.

Fica aqui um momento de reflexão para você, querido(a) profissional de saúde.

Achei importante fazer esse preâmbulo antes de contar-lhes o caso da Dona Sílvia, uma senhora que me procurou, por estar sentindo palpitações, tonturas, dores no peito, formigamento nos braços e outras queixas muito comuns das mulheres na menopausa.

Esses sintomas são geralmente inespecíficos, ou seja, a mulher sente muita coisa sem ter nada de concreto, muitas vezes são pouco valorizados pelos médicos que, por sua vez, pouco os explicam para as pacientes. Tudo isto pode piorar ainda mais o seu já comprometido estado emocional. Mas antes de entrar nos detalhes desta história, é importante que você leitor(a), que convive com pessoas do sexo feminino, conheça o que acontece com a mulher durante a menopausa e que você, mulher na menopausa, entenda um pouco do que acontece com o seu organismo nessa época da vida.

O que é a menopausa?

No Império Romano, a expectativa de vida de uma mulher era de 25 anos, no século XV de 30 anos, e, durante a era Vitoriana, 45 anos. No começo do século XX, era de 50 anos e no início deste século calcula-se que as mulheres possam viver até os 70 anos.

Por esse motivo é que não existem registros da menopausa na Antiguidade, havendo destaques dessa alteração somente a partir do último século.

Devido ao aumento da expectativa de vida pela redução das taxas de mortalidade, a população de cabelos brancos deverá aumentar consideravelmente nos próximos anos, levando à existência de maior número de mulheres na menopausa.

A menopausa é o final do período fértil da mulher, que é marcado pela parada da menstruação, e nela ocorrem alterações hormonais, bioquímicas e emocionais que podem ocasionar uma variedade enorme de sintomas.

Nessa fase da vida da mulher há diminuição do estrógeno, hormônio feminino básico, cuja produção começa a ser intensa na adolescência, quando é responsável pelo aparecimento dos sinais sexuais secundários, ou seja, dos pelos pubianos, aumento dos seios, libido sexual etc.

Na maioria das mulheres, a menopausa ocorre entre 45 e 55 anos e uma irregularidade menstrual pode ser o primeiro sinal de que as modificações hormonais estão ocorrendo no seu corpo.

Os hormônios sexuais estão diretamente relacionados à função psíquica, de modo que o bem-estar emocional também depende da manutenção do equilíbrio desses hormônios.

À medida que o processo de maturação sexual avança, o organismo feminino fica exposto a diferentes situações de flutuação de suas taxas hormonais, que podem aparecer na puberdade, nos períodos pré-menstruais, no pós-parto ou na menopausa, sendo, em tais situações, possíveis responsáveis pela ocorrência de depressão nessas épocas da vida das mulheres.

Tenho certeza de que quase todos nós já tivemos a oportunidade de conviver com uma adolescente, a famosa "aborrecente", ou com pessoas do sexo feminino que ficam insuportáveis durante "aqueles dias" ou, ainda, com senhoras na menopausa, irritadas com tudo e com todos.

É muito difícil a convivência com essas pessoas, principalmente quando existe vínculo afetivo envolvido. A vulnerabilidade do humor e a labilidade emocional, sempre presentes nesses momentos femininos, podem desencadear grandes problemas no relacionamento social e familiar, podendo deixar marcas definitivas. Sendo assim, acho extremamente importante conhecermos o que acontece com as mulheres nessas fases, para que todos nós, os que convivem com essas pessoas, em casa, no trabalho, ou na comunidade eclesiástica e as próprias mulheres possam estar cientes de sua situação e juntos, possamos ultrapassar esses maus momentos sem deixar cicatrizes nos relacionamentos.

Quais são os sintomas da menopausa?

- Fogachos, ou seja, ondas de calor principalmente à noite, em mais de 80% das mulheres na menopausa.
- Suores noturnos.
- Palpitações, tonturas, formigamentos.
- Irritabilidade, nervosismo e depressão, que podem ser agravados por problemas da casa e do trabalho.
- Alteração dos órgãos sexuais, como secura na vagina, que pode causar dor e desconforto durante o ato sexual.
- Alteração do controle urinário, levando ao aumento da frequência de urinar ou perda espontânea de urina.
- Diminuição do tamanho e firmeza das mamas.
- Perda da elasticidade da pele, particularmente da face e do pescoço, as rugas aparecem e a "cara" despenca.
- Alterações da cartilagem, causando dores nas articulações e músculos.

- Aumento da porosidade e enfraquecimento dos ossos (osteoporose), ocasionando fraturas espontâneas, redução da estatura e alterações da coluna vertebral.
- Taxas reduzidas de estrógeno determinam desequilíbrio no metabolismo do colesterol, podendo aparecer no sangue níveis elevados de LDL-colesterol (colesterol ruim) e baixos de HDL (colesterol bom). Essas alterações podem ser responsáveis pelas complicações cardiovasculares que aparecem após a menopausa, como o infarto do miocárdio e o acidente vascular cerebral.
- Obesidade com deposição de gordura do tipo masculino, ou seja, na região do abdome.

A parada da menstruação é entendida por algumas mulheres como perda da feminilidade e da fertilidade, pois a experiência constante e cíclica do sangramento uterino é, para muitas, dotada de grande simbolismo.

A crença de que está "muito velha" ocasiona redução da qualidade de vida. A autoestima, por sua vez, é abalada quando as mudanças são percebidas no dia a dia, ou seja, ao se olhar no espelho, reconhece as marcas do tempo como uma ameaça à sua imagem corporal. A sexualidade é também vista como tabu: existe a crença de que a libido diminui com a chegada da menopausa.

Dicas para uma vida saudável

Para diminuir os impactos da menopausa existem algumas ideias simples que podem ser seguidas para mudar sua vida para melhor:

- Encare a menopausa como um evento natural e como uma nova fase da vida.

- Tenha um acompanhamento rotineiro de sua saúde.
- Amplie seu círculo de amizades.
- Tenha uma alimentação saudável, rica em leite e seus derivados, soja, fibras. Evite carne vermelha e ovos.
- Faça exercícios físicos com frequência. Dê preferência a exercícios de baixo impacto, como caminhadas e natação ou hidroginástica.
- Reserve uma hora ao dia para relaxar e alongar os músculos.
- Beba, pelo menos, 2 litros de água por dia.
- Reestruture sua vida familiar e conjugal. Crie novas oportunidades para desfrutar da companhia de seu marido e filhos.
- Tente diminuir os níveis de estresse e mantenha uma atitude de encarar a vida positivamente.
- Presenteie-se constantemente.
- Distraia-se: vá ao cinema, ao teatro, a um concerto, passeie no shopping ou no parque.
- Comemore as pequenas vitórias.
- Cuide de sua vida espiritual! Tenha um encontro com Deus!

Dona Sílvia, cansada de tudo e de todos

Dona Sílvia tem 49 anos, casada, dois filhos, uma neta e procurou-me pela primeira vez no consultório por sentir palpitações durante a noite (acordava com o coração batendo forte) ao lado de tonturas, mal-estar e formigamento nos braços.

É descendente de italianos, nunca teve doença grave, teve dois partos cesáreos. Não tomava medicação alguma até ir ao seu ginecologista, que, ao constatar hipertensão arterial, aconselhou que tomasse um diurético (medicação que promove o aumento da quantidade de urina) e nos procurasse, para uma avaliação cardiológica.

Logo de início, percebi todo o drama de Sílvia, pois representava o perfil típico da mulher de meia-idade, entrando na menopausa e com todos os acompanhamentos psicológicos que essa síndrome ocasiona nas mulheres.

Continuei a consulta normalmente, fazendo todas as perguntas necessárias para saber sobre sua saúde, seguindo o protocolo que temos para fazer a anamnese do paciente.

Após exame físico detalhado, optei por pedir exames complementares, pois percebi níveis de pressão arterial um pouco elevados. Não dei muita importância para esse achado, tendo em vista a enorme quantidade de pacientes que, por vir pela primeira vez ao consultório médico, apresenta elevação da pressão arterial, sem ter a doença. Isto acontece pelo estresse da consulta, e é chamada a síndrome do jaleco branco, alusão feita à cor branca usada pelos médicos.

Mantive a medicação anti-hipertensiva dada pelo colega ginecologista e solicitei que retornasse após os exames.

Alguns dias depois voltou Sílvia ao meu consultório com uma sacola cheia de exames para minha apreciação. Estes revelaram níveis pouco elevados de colesterol e de glicemia, aumento da pressão arterial durante o teste de esforço e sinais de artrose de algumas vértebras da região cervical, seguramente responsáveis pela dor no peito e formigamentos nos braços que sentia.

Expliquei-lhe que seus sintomas não eram de origem cardíaca e que deveria apenas controlar a hipertensão arterial, tomando um outro tipo de medicação que estava receitando. Além disso, insisti para que fizesse uma dieta para reduzir o colesterol (coisa muito difícil para nós, descendentes de italianos). Sugeri também que entrasse para uma academia de ginástica para perder peso e também melhorar sua autoestima.

Quando falei em autoestima, senti que tinha tocado no seu ponto crucial. Como se tirasse uma máscara do rosto, mudou totalmente sua fisionomia e postura, suspirou fundo, e me disse soluçando:

– Doutor, aí está todo o meu problema. Já imaginava que não devia ter nada sério, além desses problemas de colesterol e pressão um pouco alta. O que realmente está acontecendo é que estou me sentindo cansada, usada por todos, pareço uma velha. Doutor, parece que sou descartável, após usar é só jogar fora.

Com o intuito de deixá-la à vontade para continuar a jogar para fora todas as suas mágoas, disse-lhe:

– Dona Sílvia, pode falar tudo o que quiser, não se preocupe com o tempo, estou aqui para ouvi-la.

– Doutor, continuou a falar, estou me sentindo um lixo. Olhe só, estou gorda, minhas roupas não me servem, sinto essas ondas horrorosas de calor, meu coração dispara, meu peito dói. Além disso, doutor, estou me sentindo muito sozinha. Faço meu serviço diário em casa, ou seja, coisas de mãe e de dona de casa. Meus filhos e meu marido saem logo após o café da manhã e só voltam à noite. Sou uma simples empregada deles, é assim que me sinto.

– E o seu marido?, perguntei-lhe.

– Meu marido é uma pessoa muito boa, carinhoso com os filhos e comigo, mas nos últimos tempos vem se tornando estranho, pois fica muito tempo calado, somente curtindo problemas da empresa, que na verdade não são poucos. Nos fins de semana raramente saímos para um cinema, um teatro e, como não temos família aqui em São Paulo, ficamos em casa. Minha vida está insuportável. Dr. Roque, tenho tudo o que uma mulher gostaria de ter, uma casa boa, filhos e marido maravilhosos, só que, não sei por que, estou me sentindo esquecida por todos, fico triste, ansiosa e nesses momentos disparo a comer de tudo. Às vezes, fico deitada na minha cama e sem nenhuma razão começo a chorar.

Ninguém ouve o que falo, só sabem reclamar de tudo, inclusive de mim. Outro dia, falando com meu filho, ele queixou-se da minha instabilidade de humor, dizendo-me que não sabia como se dirigir a mim, pois tinha dias que estava alegre e outros triste.

Chorando copiosamente, disse-me:

– É triste, doutor, mas já passou pela minha cabeça um pensamento de morte.

Nesse momento percebi que o fantasma da depressão estava ancorado nela, e como tantas outras Sílvias que vi passar pelo meu consultório médico, dei-lhe o que mais precisava naquele momento: atenção, carinho e solidariedade.

Num determinado momento da conversa, resolvi fazer-lhe as quatro perguntas que a American College of Physicians (entidade americana representativa da classe médica) está sugerindo aos seus associados, para um melhor entendimento do lado espiritual dos pacientes:

1. A fé é importante para sua vida pessoal? Tem algum tipo de religião ou crença?
2. Acredita que a fé seja importante na cura dessa sua doença?

3. Como resolve as suas necessidades espirituais? Frequenta algum tipo de reunião, culto ou missa?
4. Gostaria que falasse sobre religião?

Respondeu-me com muita clareza as perguntas feitas e, surpresa, disse:

– Doutor, nunca na minha vida esperaria que um médico fizesse esse tipo de perguntas e comentários para mim. Sou católica, vou à missa todos os domingos e rezo sempre que posso e tenho comigo esta Nossa Senhora que minha mãe me deu quando era criança (mostrou-me uma medalha milagrosa de Nossa Senhora das Graças que trazia numa correntinha no pescoço).

Acreditava ser a fé um elemento importante para a sua vida, pois tinha certeza de que somente Deus poderia ajudá-la a superar esses momentos.

Embora tivesse ouvido falar da Renovação Carismática Católica, nunca tinha ido a um grupo de oração, mas pela televisão acompanhava as missas do Padre Marcelo Rossi e alguns programas da Rede Vida de Televisão.

Aguardei que passasse toda a crise de emoção e de choro, até que lhe disse:

– Dona Sílvia, a senhora gostaria que eu a orientasse sob esse ponto de vista espiritual?

– Por que, doutor, o senhor é espírita?, perguntou-me.

– Não. Sou católico apostólico romano, acredito em Jesus Cristo, daí impossível ser espírita. Mas entendo bem o porquê dessa pergunta, pois quando se fala em algo espiritual, logo se pensa em espiritismo. Isso é uma confusão feita pelos adeptos dessa seita, para complicar a vida dos cristãos, partidários do Espírito Santo. Nós cristãos não acreditamos na reencarnação, daí ser impossível admitirmos o espiritismo.

Mas esse não é assunto para discutirmos hoje, continuei, o que quero sugerir para a senhora é que vá às reuniões de um grupo de oração carismático. Expliquei-lhe que esse grupo era constituído por leigos que se reuniam semanalmente nas paróquias, sob a supervisão de um padre, com o intuito de rezar e louvar o Senhor. Essa é a ocasião correta de se sentir de perto a presença de Deus e iniciar o processo de cura espiritual que tanto precisava.

Terminei a consulta dizendo:

– Do ponto de vista médico já lhe dei todas as recomendações para prevenir as doenças do coração, mas para curar essas doenças da alma, só existe um caminho: Jesus Cristo.

Dona Sílvia saiu do consultório mais leve e prometendo-me que na próxima quarta-feira à tarde iria até o grupo de oração Ave Maria, da Igreja São José, conforme lhe recomendei.

Algum tempo depois, Gisela, minha mulher, e eu encontramos uma das coordenadoras do grupo, durante a saída da missa dominical do padre Toninho, na Igreja de São José, e esta comentou comigo que Sílvia a havia procurado e que tinha começado a frequentar o grupo. Naquele momento, juntos, pedimos a Deus que desse forças para Sílvia perseverar nesse início de caminhada.

Tivemos um contato social com Sílvia, durante a celebração de uma missa de fim de ano que organizamos no Incor, ocasião em que lhe apresentei Gisela. Estava bem diferente da pessoa que tinha visto no consultório e ao perguntar-lhe se tudo estava bem, respondeu-me:

– Obrigado, doutor, encontrei o que me faltava: Jesus! Quando comecei a ir ao grupo de oração, aprendi que deveria preencher o vazio que sentia na minha alma com a Palavra de Deus, a Eucaristia, a Confissão, o Jejum Semanal e o Terço Diário, as cinco pedrinhas que Nossa Senhora pede que usemos para derrubar o Golias da depressão.

Na minha casa, tudo também está diferente, continuou, antes, todos fugiam de mim, agora já temos um diálogo mais franco e aberto.

Os problemas continuam, mas estamos unidos para enfrentá-los. O grupo de oração foi muito importante para mim, foi o local onde recebi o apoio que precisava, tanto social quanto espiritual. A Clarice teve extrema paciência comigo, orientando-me de como "encontrar" o Senhor, ensinando-me até como ler a Bíblia. As reuniões são excelentes e as músicas cantadas durante o louvor são maravilhosas.

– Como canta bem o Valdir, não, Dr. Roque?
– O Valdir é um cantor de Deus, respondeu-lhe Gisela.
– Sílvia, fico feliz com tudo o que aconteceu com você, pois vejo que realmente encontrou o seu caminho. Agora é só uma questão de manter-se sempre nessa direção. Mas, pelo que vejo, você já está fazendo isso, pois respondeu ao meu convite e veio prestigiar a nossa missa de fim de ano. Talvez não saiba, mas hoje reunimos pacientes, funcionários e médicos do hospital para agradecer a Deus tudo o que Ele tem feito por nós.

Acho que você vai fazer isto também, né?

Após Sílvia responder afirmativamente à minha pergunta, indicando-lhe o local de onde celebraríamos a missa, disse-lhe:

– Vamos para dentro do anfiteatro pois você precisa se sentar, muita gente está chegando para a missa e poderá ficar sem lugar.

Radiante, cheia de Deus, Sílvia entrou no recinto da celebração da Missa, portando em uma mão uma Bíblia e um terço, e em outra, uma caixa de lenços, pois tinha certeza de que iria se emocionar e chorar muito, derramando lágrimas diferentes daquelas de anteriormente, pois agora seriam de alegria e de amor.

E assim acaba a história de Sílvia, personagem real de um problema que bate às portas das nossas casas, a depressão da menopausa.

A orientação médica foi extremamente importante para o seu tratamento físico, mas o encontro com Deus foi o elemento preponderante na sua cura.

Tenho certeza de que ela continua tendo os momentos de tristeza e de solidão, mas também estou absolutamente convicto que, no instante em que ela conheceu o Senhor, estes momentos foram se tornando menos expressivos, e menos importantes, pois deve ter ouvido:

"Pois sou eu, o Senhor teu Deus, eu te seguro pela mão e te digo: Nada temas, eu venho em teu auxílio" (Isaías, *41,13*).

A gordinha deprimida

Quando Rita entrou no consultório, sentou-se à minha frente e começou a me contar os seus sintomas, logo percebi que todas as suas queixas eram um reflexo de carência afetiva. Imediatamente lembrei-me do caso da filha do Seu Giovanni, que tinha contado no meu primeiro livro, *Milagres que a medicina não contou*, quando vi o quanto o estado emocional pode desestruturar uma pessoa.

Assim que lhe perguntei o motivo de me ter procurado no consultório, foi logo dizendo:

– Doutor, estou sentindo uma forte dor no lado esquerdo do peito, que me impede de respirar profundamente, além de formigamento nos braços. Como na minha família há história de infarto e derrame, fiquei muito preocupada com essa dor, daí resolvi procurar o senhor. Estou desesperada, doutor, será que vou ter um infarto também?

Tranquilizei-a um pouco e continuei as perguntas de praxe de uma consulta médica, mas como percebi o grau de ansiedade da paciente, abreviei um pouco o questionário e pedi-lhe que se deitasse no divã de exame, com o objetivo de acalmá-la.

Como sempre faço, rezo uma Ave-Maria antes de iniciar o exame físico, sempre pedindo ao Senhor que me ilumine e me dê a graça de poder desenvolver o talento recebido.

Enquanto a examinava, senti que poderia fazer algo de bom para aquela moça, mas deixei nas mãos do Senhor o momento e a melhor forma de abordá-la.

O exame físico foi normal e, como já esperava, não achei nenhum sinal de doença cardíaca. Na verdade, apenas constatei seu excesso de peso e um alto grau de ansiedade.

Após acalmá-la, enquanto pedia os exames complementares de rotina e lhe dava recomendações para reduzir a ingestão de carboidratos e gorduras, comecei a lhe fazer perguntas mais direcionadas ao seu sistema psíquico, quando começou a me contar:

– Doutor, sei que sou moça, não sou feia, mas estou me sentindo um "lixo", pois estou gorda, não tenho vontade de fazer nada, passo todo o final de semana deitada em casa, assistindo à televisão e comendo. Como tudo o que encontro pela frente, uma hora é doce, outra é salgado e só quero dormir. Não vejo a hora de chegar a segunda-feira para ir trabalhar.

– Rita, mas como começou tudo isso?, perguntei-lhe.

– Ah! Doutor, não gosto de falar muito nisso, mas tudo foi por causa de um caso de amor mal-resolvido há quatro meses, depois disso é que minha vida virou de ponta-cabeça. Engordei quase 10 quilos nesse tempo.

Após ficar muito desapontada com meu namorado, comecei a sentir uma tristeza enorme, vontade de não sair de casa, não tinha prazer em nada, só em comer e dormir. No final de semana passado, comecei a ficar preocupada, pois começei a sentir esta dor no peito, o que me fez procurar o senhor.

Conforme Rita foi me abrindo a sua intimidade, fui aos poucos perguntando-lhe sobre sua vida afetiva familiar e também com relação à sua vida espiritual. Quando lhe perguntei se era católica praticante, ela, assustada, me disse:

– Como o senhor sabe que sou católica?

– Pela medalhinha de Nossa Senhora das Graças que você está usando, respondi-lhe.

– Ah! doutor, essa medalhinha ganhei da minha madrinha, quando ainda era criança, mas não vou à Igreja há muito tempo.

Após ouvir sua resposta vieram-me palavras que não consegui evitar, e fui logo dizendo:

– Rita, talvez você não goste do que vou lhe dizer, mas tenho a obrigação de falar tudo o que acho que lhe fará bem, pois o compromisso que tenho não é só com a medicina, mas principalmente com Deus. Assim, escute o que vou dizer: Tenho certeza absoluta de que por você não praticar a sua religião é que não está conseguindo suportar toda essa contrariedade afetiva que está passando. E digo mais, você deveria frequentar a Igreja, aproximar-se de Deus.

– Doutor, o senhor parece que combinou com minha mãe, pois ela me diz a mesma coisa, quer que eu vá à missa. Minha mãe é muito "carola", daquelas que rezam o terço todos os dias e sempre vão à Igreja. Quando ela se junta com a minha madrinha, então, tudo fica exagerado demais.

– Eu bem que tentei ir à Igreja, mas não consigo, doutor; os padres são muito chatos e antiquados, falam com sotaque que não se entende nada e demoram muito tempo para rezar a missa. Imagine o senhor, do jeito que estou, na pior, deprimida, chateada, triste, se for à missa aí é que as coisas vão piorar. Tenho certeza de que vou voltar pior ainda e mais culpada por me sentir assim.

É impressionante, doutor, como os padres nos fazem sentir culpados por tudo, não? Será que somos tão ruins assim? Se somos tão maus, será que vale a pena se aproximar de Deus?

Deixei que "abrisse o verbo" contra a Igreja Católica, não sem razão, pois tudo aquilo que me falava, já conhecia ou já tinha visto de perto. Contou-me sobre experiências negativas acontecidas com padres em sua cidade natal, que lhe deixaram sequelas.

— Rita, disse-lhe, você tem muita razão no que está dizendo, mas a minha obrigação é orientá-la para se sentir bem. Não estou aqui para defender a Igreja Católica, que, como você sabe, é composta de homens, daí ser capaz de cometer erros, como os que você acabou de me relatar. Mas antes de fechar a questão, escute-me, você acha os padres figuras muito importantes? Considera-os elementos que decidem por você?

— Evidentemente que não, doutor, muito pelo contrário, o exemplo que tenho de padres, como lhe disse, é muito ruim. Além disso, é só abrir os jornais para ver todos esses tremendos problemas de pedofilia que estão sendo divulgados. Alguns deles se escondem atrás das batinas para praticar tudo o que é mais sórdido, sujo e imundo.

— Mas veja, Rita, como você está se contradizendo, pois se por um lado desconsidera a importância dos padres, por outro, coloca-os em posição suprema, pois admite que por causa deles se afasta de Deus.

Rita, continuei, temos que ver a figura do sacerdote como "materialização" de Deus, ou seja, por meio do padre é que Deus se apresenta para nós. Temos de cumprir a nossa parte, ou seja, ouvir as palavras e conselhos que Deus nos dá por meio do sacerdote, deixando os seus erros e faltas para serem julgados por Ele.

— Doutor, não é bem assim. Não consigo admitir um padre dizer para mim que é errado fazer sexo com o meu namorado, sendo que ele é a maior bichona da cidade.

Percebendo os ânimos se acirrarem, achei melhor terminar a consulta, pedindo-lhe para fazer exames rotineiros. Receitei-lhe um antidepressivo e, ao pedir-lhe para retornar à consulta com os resultados dos exames, disse:

— Minha filha, aceito sua opinião, embora não concorde com ela. Gostaria apenas de, durante esse tempo em que você vai fazer os exames, recomendar a leitura de um livro, que tenho certeza vai lhe ajudar. É um livro de um sacerdote, sei que você não gosta de padre, mas faça de conta que este livro não foi escrito por um.

— Também não é assim, doutor! Vou fazer tudo o que o senhor está me pedindo, pois nunca ninguém falou comigo tão claramente como o senhor. Nenhum médico me deu tanta atenção quanto o senhor me deu. Obrigada pelo seu atendimento.

Vale a pena, neste ponto, parar de contar o caso da Rita, para divagar um pouco sobre esse assunto, que me parece ser um dos motivos do afastamento de muitos fiéis da Igreja Católica. A figura do sacerdote católico é, no nosso inconsciente, elemento simbólico representativo de Deus, isto é, o padre, durante as suas funções sacerdotais, é como se fosse o próprio Deus falando conosco.

É muito difícil para o nosso inconsciente aceitar as falhas humanas dos padres, pois para ele os sacerdotes, ao estarem falando em nome de Deus, estariam assumindo a santidade divina.

Por muitas vezes deparei com pensamentos e comentários estranhos, que às vezes até deixei tomar conta de mim.

Confesso que por várias vezes me vi julgando atos de alguns sacerdotes, esquecendo-me daquela passagem do evangelho quando Jesus escrevia na areia os pecados daqueles que julgavam uma prostituta condenada à morte por apedrejamento. *Não fui capaz de atirar a primeira pedra* também.

    Sempre aproveito o final do ano para fazer uma reflexão da minha situação espiritual, profissional e afetiva, para poder fazer uma boa confissão para começar o Ano Novo. Essa época do ano é muito boa para isso, pois tenho mais tempo livre para poder pensar e meditar sobre tudo aquilo que acho que sou e em tudo aquilo que gostaria de ser. Além disso, o clima natalino é muito propício às reflexões, pois nos remete ao nascimento histórico de Jesus, momento onde se iniciou uma total renovação da humanidade.

    Num desses belos momentos de reflexão consegui iniciar a cura desse problema, quando me lembrei das palavras dos próprios padres, no momento da comunhão eucarística da missa:

> *"Que isto não seja motivo de sua condenação,*
> *mas sim de sua salvação".*

    Realmente, o Espírito Santo de Deus, como sempre, foi extremamente benevolente comigo, pois conseguiu curar a minha mente, de modo que consigo, hoje, desmembrar a figura do sacerdote da do homem. O sacerdote sempre, para mim, é uma pessoa santa quando no exercício de sua função, pois recebeu de Deus o dom de representá-lo. Não me compete julgar o seu comportamento humano, pois ele deverá justificar as suas ações a Deus, no dia do seu julgamento.

***

Renovados e curados pelo Espírito, voltemos à história da Rita.

Algumas semanas depois retornou com os exames, que, como havia previsto, estavam totalmente normais, ou seja, não havia nenhum indício de doença física.

Participei-lhe minha conclusão sobre o resultado dos exames e fui logo dizendo:

– Do ponto de vista orgânico você não tem doença alguma. Seu problema está no lado emocional, afetivo e espiritual.

– O senhor tem toda a razão, doutor, respondeu-me. Li o livro recomendado e ele me fez muito bem, pois abriu a minha mente para muitas coisas que estavam obscuras. Consegui entender aquilo que o senhor me falou na consulta anterior, realmente preciso me aproximar de Deus, pois quem está com Ele não pode ter depressão, tristeza ou melancolia. Estou um pouco melhor, doutor, pois pelo menos já vejo um sinal, uma luz no final do túnel.

Confesso que realmente me surpreendi com as palavras da moça, pois estava muito arredia e revoltada na última consulta.

Mas, vendo-a na minha frente, com um brilho diferente nos olhos, senti que Deus estava começando a agir na sua vida e que tinha de continuar a orientá-la para que pudesse realmente se reencontrar com o Senhor.

Movido por inspiração do Espírito Santo, resolvi pedir-lhe que fosse a um grupo de oração. Escolhi um grupo de leigos, para que ela não encontrasse um padre, figura que poderia reavivar-lhe lembranças negativas e estragar tudo. É impressionante como Deus nos faz pensar estrategicamente para evitar o ataque do Encardido.

Como tenho pacientes e amigos que frequentam vários grupos de oração da região onde moro, ao perguntar-lhe seu endereço descobri que poderia encaminhá-la para a Igreja de Nossa Senhora do Brasil, numa terça-feira à noite. Pedi-lhe que procurasse o Renato, o coordenador do grupo, ou o James, para que a acolhessem e integrassem com os participantes.

Antes de ir embora, Rita me disse:

– Doutor, o senhor lançou um livro e nem me falou nada. Como é mesmo o título?

– É verdade, respondi-lhe, o livro se chama *Milagres que a medicina não contou*. Mas como você soube disso?

– Vi o senhor na Rede Vida de Televisão.

– Ah! Que bom! Quer dizer que você está vendo programas católicos?

– Estou, sim, doutor. Existem programas muito interessantes nas televisões católicas, onde se apresentam padres que falam muito bem.

Nesse momento percebi que realmente Deus já estava se manifestando na sua vida, pois de um "ódio" mortal aos padres, já começava a surgir algo diferente.

A moça foi embora do consultório ciente de que não tinha problemas cardiológicos, com uma receita de antidepressivos e uma enorme esperança de vida, pois sentia que tinha encontrado solução para sua existência.

Meses depois recebi um telefonema de Rita pedindo-me a indicação de um endocrinologista, pois gostaria de fazer um tratamento para emagrecer.

Disse-me que estava sem tomar medicação há algum tempo e estava se sentindo bem.

Ao perguntar-lhe como estava sua vida espiritual, respondeu-me com muita alegria:

– Agora, doutor, tudo está bem, pois reencontrei o nosso Deus e o senhor estava certo quando me disse, logo na primeira consulta, que viver sem Deus era a principal razão da minha doença.

Nunca mais falei com a Rita e também nada mais sei sobre sua vida. Estaria ela perseverando na caminhada que iniciou? Ou seria mais uma pessoa que se perdeu no caminho? Sempre aproveito as minhas consultas para tentar levar alguma ovelha desgarrada de volta às suas origens, não que queira ser um pastor de almas, mas sim por acreditar que a cura do homem tem que ser total. Em algumas circunstâncias tenho convidado alguns clientes, ou mesmo colegas, a virem conosco às missas dominicais. Isto tem sido muito prazeroso para nós, pois lhes tem possibilitado o reencontro com o Senhor, além de engrossar as fileiras em nosso time que, após a missa, invariavelmente sai para jantar.

O que me deixa triste é que esse time tem revelado composição variável, ou seja, às vezes ele é reforçado por valorosos jogadores, que nas partidas iniciais mostram a sua força, mas que, com o passar do tempo, perdem o amor pela causa defendida.

O interessante é que eles se comportam como um vendaval, de início são intensos e avassaladores, mas de uma hora para outra desaparecem, sem aviso algum.

O pior é que isso pode acontecer a qualquer um de nós, pois as adversidades do cotidiano, ou a falta de resposta aos pedidos, podem levar-nos a nos afastar novamente Dele.

A solução é ouvir os pedidos que Nossa Senhora faz, durante as aparições em Medjügorje:

Mensagem da Rainha da Paz, de 25 de agosto de 2002
Queridos filhos! Também hoje Eu estou com vocês em oração para que Deus lhes dê uma fé ainda mais forte. Filhinhos, a fé de vocês é fraca e, além disso, nem sequer estão conscientes do quanto não estão predispostos a pedir a Deus o dom da fé. Por isso, estou com vocês, filhinhos, para ajudá-los a compreender minhas mensagens e colocá-las na vida. Rezem, rezem, rezem e, somente na fé e por meio da oração, a alma de vocês encontrará a paz e, o mundo, a alegria de estar com Deus. Obrigada por terem correspondido a Meu apelo.

Envelhecer com Deus

Desde remotos tempos da Antiguidade percebe-se o interesse da humanidade em descobrir a fonte da juventude, ou seja, maneiras pelas quais podemos retardar aquilo que é inexorável: a velhice.

A todo instante, na TV, nos jornais e revistas, ou mesmo por meio da internet, vemos milhares de produtos que são anunciados como preventivos da velhice. A grande maioria deles, no entanto, por não ter nenhuma comprovação científica, não é recomendada pela comunidade médica, mas, mesmo assim, vemos a população ser compelida a comprar tais produtos pela enorme propaganda de fórmulas mágicas mantenedoras da juventude. Grande engano, esse de querer superar o sinal dos tempos: devemos é nos preparar para ter uma velhice boa e não lutar para vencer o impossível.

O processo de envelhecimento varia muito na população em geral, sendo influenciado tanto por fatores genéticos quanto pelo estilo de vida das pessoas. Acredita-se que o corpo humano esteja habilitado a viver até os 120 anos, se o estilo de vida e o perfil genético forem adequados a isso.

Um estudo feito na Universidade de Los Angeles, Califórnia, analisando mais de seis mil pessoas, demonstrou diferenças drásticas na mortalidade entre indivíduos que seguiam sete hábitos saudáveis simples (nunca fumar, uso moderado de álcool, tomar café da manhã, não petiscar, dormir em média oito horas por noite, exercitar-se regularmente e manter o peso ideal) e aqueles que não os seguiam. Os praticantes dos sete hábitos saudáveis apresentavam taxa de mortalidade muito menor, sendo estimado que viveriam em média 9 anos a mais do que aqueles que não observavam as recomendações.

A prática regular de atividade física mantém um bom estado de saúde física e mental, mas as pessoas idosas é que mais se beneficiam com os exercícios. A atividade física regular na velhice propicia menor chance da ocorrência de doenças cardiovasculares, câncer, hipertensão arterial, depressão, osteoporose, fraturas ósseas e diabetes.

A diminuição da força muscular e a flexibilidade são as maiores limitações para as atividades da vida diária do idoso. Agachar e levantar, subir e descer escadas, levantar objetos pesados, banhar-se e vestir-se são exemplos de atividades prejudicadas pela diminuição da força e flexibilidade.

Exercícios aeróbicos, como caminhadas, andar de bicicleta ou natação, podem aprimorar o sistema cardiovascular, mas têm pouquíssima influência no aumento da força e flexibilidade. Os exercícios de musculação, por sua vez, são os recomendados para o aumento da força muscular e flexibilidade. Assim, para a manutenção da boa saúde do idoso, sempre é recomendada a associação de uma atividade aeróbica, como a natação, caminhadas etc., com uma anaeróbica, ou seja, musculação e alongamento muscular. Devemos sempre levar em consideração que o tipo de exercício físico a ser feito sempre deverá ser prescrito e orientado por profissional especializado, para evitarmos acidentes e complicações.

O estado nutricional do idoso é também fator importante na manutenção da qualidade de vida, pois sabemos que uma alimentação saudável propiciará ao organismo todas as suas necessidades energéticas.

Com o passar do tempo, o organismo reduz as suas necessidades metabólicas de forma a precisar de menor ingestão de comida.

A própria natureza se incumbe de ajustar esse desequilíbrio, de modo que, com a redução da sensibilidade das papilas gustativas, a partir da terceira idade, as pessoas perdem o gosto pelos alimentos, daí começam a comer menos. A redução da visão, por outro lado, também diminui a "fome pelos olhos".

Com muita frequência vemos pessoas idosas com tabus alimentares sem nenhum fundamento científico, que podem levar a carências nutricionais importantes. É muito comum a pessoas de idade deixarem de comer algum tipo de alimento por terem ouvido falar algo de mau a respeito. Sei de pessoas que deixaram de tomar leite de vaca e comer carne vermelha por medo da "Síndrome da Vaca Louca", doença que atingiu a população da Europa, nunca chegando ao nosso país.

Sempre falo para os pacientes procurarem orientação nutricional nessa época da vida, pois a prescrição de dieta correta e prazerosa será de imensa valia na manutenção do estado de saúde do indivíduo.

O envelhecimento é um processo complexo, cujos fatores sociais, psicológicos e somáticos interagem e colorem as múltiplas facetas da vida. A velhice é ela própria uma fase da existência que se prolonga cada vez mais, proporcionalmente à riqueza da sociedade.

O bom envelhecimento é caracterizado pela manutenção de uma boa saúde mental, física e, principalmente, espiritual até o fim da vida. O mau envelhecimento se exprime em geral em vários planos, especialmente mental e físico. As perdas devido à idade, quer sejam funcionais (capacidade física, intelectual etc.) ou sociais (mudanças de papel familiar ou profissional, perda de renda etc.) ou ainda relacionais (perda de cônjuge, de contemporâneos etc.), têm uma participação importante no desencadeamento de muitos distúrbios.

Os indivíduos casados têm uma taxa de mortalidade inferior àquela dos celibatários, divorciados ou viúvos. O risco de falecimento aumenta muito significativamente nos seis meses que se seguem à perda do cônjuge (em particular homens e após os 75 anos). Após o luto, a saúde mental e física piora, levando a alterações do comportamento alimentar, ao abuso do álcool ou de tranquilizantes.

O suicídio, principalmente sob uma forma disfarçada de recusa de viver e de cuidados, pode acontecer. As dificuldades econômicas ou uma sustentação social relativamente pobre comprometem o prognóstico da viuvez.

Dona Fátima, 83 anos com Deus no coração

Dona Fátima procurou-me no consultório há cerca de 3 anos, levada pelo filho, para que fizesse uma avaliação cardiológica pré-operatória de uma cirurgia abdominal que iria fazer. Como estivesse com a pressão um pouco alta, resolvi trocar os remédios que tomava já há alguns anos, pois já não estavam surtindo efeito. Pedi-lhe que voltasse em uma semana, apenas para medir a pressão e também para lhe dar a liberação para a cirurgia, atestado que o cirurgião necessita para operá-la.

Ela voltou ao consultório com a pressão controlada, passando bem e sem nenhum efeito colateral do novo remédio.

Dei-lhe a liberação cirúrgica e pedi-lhe para que retornasse em consulta assim que tivesse alta. Sabendo ser católica fervorosa, pedi-lhe que rezasse pelo cirurgião, por mim e pelo resultado da operação e, como sempre falo aos meus doentes ao me despedir, disse-lhe:

– Dona Fátima, vá com Deus e que Ele a abençoe e a proteja nessa cirurgia.

Algum tempo depois, ela apareceu no consultório, sozinha, e ao vê-la percebi que algo de estranho estava acontecendo pois, lívida, com a voz trêmula e fraca, foi me dizendo:

– Doutor, depois dessa cirurgia minha vida se acabou. Acho que o cirurgião tirou um pedaço do meu intestino e também todas as minhas forças. Acho que o meu caminho está no fim.

O senhor sabe, doutor, sempre morei sozinha depois que o meu marido morreu e sempre muito bem. Embora me dê muito bem com meus filhos e noras, gosto de me manter no meu espaço, sem lhes dar trabalho. Evito o máximo até ligar para eles, pois eles trabalham, constituíram família e têm muita obrigação. Não quero ser mais um motivo de preocupação para meus filhos.

– Que bom, Dona Fátima, acho muito importante a senhora se manter no seu cantinho, cuidando da sua vida, do seu jardim. Mas por que essa tristeza toda?

– Após sair do hospital e chegar em casa, como ainda estava me recuperando da cirurgia, meu filho resolveu que dormiria na minha casa por algum tempo, até que me sentisse bem.

No começo, doutor, achei até bom, pois há quanto tempo não ficava sozinha com o meu filho! Acho que desde quando ele era pequeno não ficava assim comigo. Mas logo fui vendo que aquilo estava errado, que eu não tinha o direito de tê-lo do meu lado, pois Joãozinho tinha sua família para cuidar. Tudo bem que a minha nora é uma pessoa muito boa e não se incomodou com a atenção do meu filho para comigo, mas tudo tem limite, pois João é chefe de família e o seu lugar é junto da sua mulher e seus filhos.

Pra dizer a verdade, doutor, eu já estava ficando "cheia" de tantas preocupações comigo. Eu estava querendo voltar a ser normal, levar a minha vidinha de sempre, cuidar das minhas plantinhas, falar com meus vizinhos e rezar o meu terço sozinha.

– Dona Fátima, perguntei-lhe, e a cirurgia, como foi? Melhorou o seu intestino? E a pressão? Tem controlado?

– A cirurgia foi muito bem, já estou comendo de tudo, o meu intestino funciona diariamente sem auxílio de medicação e a minha pressão está ótima com os remédios que o senhor me deu. Dessa parte estou muito bem. O que está me faltando, doutor, é ânimo, vontade de sair da cama, na verdade, está me faltando vontade de viver.

Sabe o que fiz? Mandei o meu filho para a casa dele, quero ficar sozinha no meu cantinho. Acho que a minha hora está chegando, doutor.

Logo percebi o fantasma da depressão rondando a vida da Dona Fátima. Pedi-lhe que deitasse no divã e comecei o exame físico. Sua pressão realmente estava boa, o abdome em ordem, não tinha anemia, ou seja, não havia nada que explicasse o desânimo que estava sentindo.

Sentou-se novamente à minha frente. Percebendo-a com a fisionomia um pouco melhor, após desabafar os seus problemas, comecei a lhe explicar:

– Dona Fátima, a senhora sabe que, após cirurgias, estados depressivos podem ocorrer? Isto é até comum e fácil de se entender. Pense bem, quando lhe disseram que a senhora precisava operar o intestino, tenho absoluta certeza de que a primeira coisa que veio à sua mente foi o medo de morrer, ou seja, o medo de não voltar da anestesia. Isso não acontece só com a senhora, quase todos os que vão para uma cirurgia grande como a sua têm medo de morrer.

Essa situação cria uma enorme expectativa no paciente levando ao quadro de intensa ansiedade e estresse.

Após a cirurgia, no momento em que a senhora acordou da anestesia, ao ver que tudo deu certo, ou seja, que não morreu, surge um estado de euforia intensa como recompensa de tudo o que passou.

Esse período permanece por alguns dias, mas quase sempre ele vem seguido por uma fase depressiva compensadora. Essa depressão geralmente ocorre nos primeiros dias do pós-operatório podendo persistir por algum tempo.

Nessa fase tudo dá errado, o "céu sempre está escuro". O fato de doer o corte cirúrgico, faz pensar que a cirurgia não deu certo, o desânimo leva à falta de apetite, daí vindo a fraqueza, as tonturas, o mal-estar. As visitas, que no começo da recuperação eram boas, tornam-se enfadonhas, desagradáveis e cansativas. Não dá vontade de falar com ninguém. Não é assim, Dona Fátima?

– Puxa, doutor, como é que o senhor adivinhou tudo o que se passa comigo?

– Não adivinho nada, estou contando para a senhora o que todos os que passam por uma cirurgia grande podem ter. Não pense que a senhora é a única pessoa do mundo a se sentir assim. Mas Dona Fátima, a senhora não tem rezado ultimamente? Abandonou o nosso Deus? Perdeu também a fé?

– Sabe, doutor, fico até chateada em lhe contar que perdi a vontade de rezar. A minha apatia é tão grande que só penso em ficar sozinha, só quero dormir. Não vejo televisão, não escuto rádio, não leio os jornais de que tanto gostava. Para o senhor ter uma ideia, não vou à missa desde quando fui ao hospital para ser operada.

Não tenho ânimo para nada. Acho que o meu tempo por aqui está se esgotando.

Ao ver o estado da Dona Fátima lembrei-me da Dona Maria, a senhora evangélica cuja história contei no meu primeiro livro, *Milagres que a medicina não contou*. Como os dois casos eram muito semelhantes, acreditei que a terapêutica deveria ser a mesma. Receitei-lhe uma medicação antidepressiva e comecei a falar:

– Muito bem, a senhora já me contou tudo o que está acontecendo, já sei como tratá-la. Estou lhe receitando um medicamento que vai ajudá-la a sair desse fundo de poço, mas o remédio principal não é este, mas sim aquele que a senhora sempre usou, mas agora, no momento da doença, deixou de lado. Preocupou-se tanto com os detalhes da cirurgia, com o aborrecimento causado ao filho, ou seja, com as coisas do mundo, esquecendo-se de Deus.

Entregue a Deus as suas preocupações, deixe-O tomar conta da sua vida, que tenho certeza de que tudo voltará ao normal rapidamente.

A senhora vai me prometer que, antes de tomar o remédio que receitei, vai rezar, pedindo a Deus que faça o medicamento agir na sua plenitude, não dar efeitos colaterais e louvá-lo por permitir que a ciência o tenha descoberto. Junto com isso, gostaria que a senhora começasse a ler a Carta de São Paulo aos Filipenses, pois lá vai ver o Senhor lhe dizer:

"Não vos inquieteis com nada.
Entregai as vossas preocupações ao Senhor" (Filipenses, 4,6).

Dona Fátima foi embora para casa seguramente melhor, pois senti que aquele "chacoalhão" que lhe dei iria fazer efeito.

Um mês depois voltou ao consultório, acompanhada com o filho, e foi logo dizendo:

— Tudo está bem agora. O pesadelo foi embora. Jesus me curou. Obrigada, doutor, por ter sido um canal dessa graça, pois ao chegar em casa comecei a refletir sobre tudo o que estava acontecendo comigo e percebi quão ingrata estava sendo com Deus, pois safei-me de uma cirurgia grande sem nenhuma sequela. Não tinha o direito de me sentir tão para baixo.

Ao ler a Carta de São Paulo aos Filipenses percebi também como estava sendo injusta. Imagine só Paulo, preso numa masmorra, prestes a ser barbarizado pelos seus algozes, escrever uma carta tão linda, tão cheia de esperanças, expectativas e com tantas expressões de alegria. Eu também estava na masmorra da depressão, mas ouvi o recado do Senhor e me comportei como Paulo, rezei, louvei e esperei a chegada do anjo libertador.

Doutor, hoje estou livre da depressão graças à ação de Deus e por esses "calos" dos meus dedos, de tanto rezar o terço para Nossa Senhora das Graças me ajudar.

Brincando, disse-lhe:

— Que bom, Fátima, a senhora saiu melhor do que a encomenda. Mas e os remédios que receitei? Está tomando?

– Estou fazendo tudo o que o senhor mandou, ou seja, tomo o remédio da pressão, o da depressão, o para dormir, todos os dias, e também sempre rezo antes, pedindo que me façam bem.

Doutor, eu nem queria vir aqui hoje, pois estou ótima, só vim para agradecer o senhor por ter me ajudado e me aberto os olhos novamente para Deus.

Dona Fátima foi embora feliz. De vez em quando volta ao consultório para controle da pressão, que sempre está boa, pois toma religiosamente a medicação que receitei. O calmante para dormir só usa em situações especiais e parou de tomar o antidepressivo há muito tempo.

Dona Teresa, 83 anos longe do Senhor

Dona Teresa tem praticamente a mesma história de vida que a Dona Fátima. Mesma idade, viúva, mora sozinha e também é muito independente, a despeito das limitações da idade.

Imigrante europeia, viu de perto a invasão nazista nos países europeus, convivendo com os horrores da Segunda Grande Guerra.

Em busca de uma terra onde encontrasse paz, chegou ao Brasil no início dos anos 1950, trazendo consigo recursos financeiros suficientes para manter excelente qualidade de vida em nosso país.

Mulher ativa, extremamente culta, com mente jovem e brilhante, resiste enormemente às limitações da idade, atribuindo aos sintomas próprios da velhice rótulos de doenças de todas as espécies.

Dona Teresa sofre de pressão alta, arritmia cardíaca e reumatismo, coisas não muito infrequentes em pessoas com 83 anos de idade. Não toma corretamente a medicação receitada, daí ter frequentes descompensações da hipertensão e da arritmia cardíaca.

Todas as vezes que chega ao consultório realmente fico penalizado com a sua situação, pois percebo que sua saúde física piora a cada dia e a sua saúde mental e espiritual deteriora rapidamente.

Tentei por várias vezes estimular o seu lado espiritual, mas senti enorme resistência. Nunca a ouvi falar em Deus ou em alguma crença religiosa.

Outro dia, após ela sair de uma consulta de rotina, pensei:

– Meu Deus, com a dona Teresa não deu certo. Por mais que tenha tentado colocá-la no caminho do Senhor, ela não permitiu. Não posso fazer mais nada.

Analisando a sua personalidade, percebi que o grande responsável pela sua inacessibilidade é a soberba. Desde que a atendi pela primeira vez, percebi que ela queria ser a "dona da verdade". Durante nossas conversas, quando abordava assuntos gerais, somente ela falava, somente ela sabia tudo. Vivia de um passado glorioso que não mais existia.

Por muitas vezes tentei falar-lhe de Deus recebendo respostas evasivas, tentei encaminhá-la para grupos de oração, sem sucesso. Fiquei muito frustrado nesse dia, pois senti que não estava desempenhando bem a minha função evangelizadora. Aí tentei falar com Ele:

– Senhor, não consegui resgatar esta ovelha perdida do seu rebanho. Não sei como fazê-lo. Perdoa-me, Senhor.

Nesse momento recebi a resposta do Senhor, pois lembrei-me de uma passagem do evangelho de Mateus, onde Jesus disse aos seus amigos:

"Se não vos receberem e não ouvirem suas palavras, quando sairdes daquela casa ou daquela cidade, sacudi até mesmo o pó de vossos pés" (Mateus, 10,14).

    Entendi o recado do Senhor. A única coisa que resta é rezar para que, nos dias que lhe restam, Dona Teresa dê o seu sim a Nosso Senhor.

Doutor, estou passando mal, vou morrer, por favor me ajude!

Estas foram as palavras que Isabel me disse, assim que entrou no consultório. Mal me deixou cumprimentá-la e logo foi falando:
— Estava sozinha no meu carro, dirigindo pela avenida Marginal, quando começei a me sentir muito mal. Meu coração começou a palpitar, minhas mãos ficaram frias, senti uma tontura muito forte e um aperto na garganta que me obrigou a parar o carro. Fiquei desesperada achando que iria morrer. Saí como uma louca para fora do carro para poder respirar melhor. Parei uma ambulância que passava por ali e esta me levou ao pronto-socorro mais próximo.
No caminho começei a falar constantemente, em voz alta, que Deus estava comigo e que iria aguentar esta crise.
Fui atendida em um pronto-socorro da Prefeitura e o médico disse-me que não havia encontrado nada de mais grave, mas orientou-me para procurar um cardiologista. E assim, cá estou, doutor. Será que vou morrer? Será que tenho uma doença muito grave?
Esta não era a primeira vez que Isabel tinha de correr a um pronto-socorro devido aos seus sintomas. Desde há mais de 5 anos que vem tendo essas crises de pânico. Não consegue sair de casa sozinha, por medo de ter a crise novamente.
Já passou por inúmeros consultórios médicos, de várias especialidades, sem muito sucesso. Já fez uma enormidade

de exames e até agora ninguém lhe tinha explicado sua doença.

– Doutor, tenho até vergonha de ter essas crises, pois sei que não tenho nada, mas não consigo controlar o meu desespero e enquanto não vou ao pronto-socorro não tenho sossego. Evito ir sempre ao mesmo pronto-socorro, para não passar mais vergonha ainda, pois uma vez um médico ralhou comigo, dizendo-me:

– Isabel, você não tem doença alguma. Tenho quase certeza de que o seu mal é falta de marido. Arrume um que tudo passa. O senhor acha possível um tratamento desse jeito, doutor?

Nos plantões de pronto-socorro sempre existem os "habitués" de síndrome do pânico, que nas madrugadas nos procuram com as mesmas queixas. Sei que é muito difícil, nos plantões agitados, com muitos doentes graves, termos a necessária paciência para escutar esses doentes, mas sempre achei que, por mais insignificante que fosse para mim o sintoma relatado, para o paciente, seria sempre algo importante.

Nada justifica a ação do colega que mandou Isabel arrumar marido, como se toda a doença dela estivesse focada no seu universo sexual. Paro por aqui as minhas considerações a esse respeito, pois acho lamentável esse tipo de atitude.

Um pouco sobre a síndrome do pânico

A palavra pânico é proveniente do grego *panikon* que tem como significado susto ou pavor repetitivo, sendo originada da mitologia grega, a qual conta a lenda que o deus Pã, que possuía chifres e pés de bode, provocava, com o seu aparecimento, horror nos pastores e camponeses. Em Atenas, teria sido erguido na Acrópole um templo ao deus

Pã, ao lado da Ágora, praça do mercado onde se reunia a assembleia popular para discutir os problemas da cidade, sendo daí derivado o termo "agorafobia", usado para definir o medo de lugares abertos.

Para cada 1.000 habitantes, 1 a 3 são acometidos da síndrome do pânico, ocorrendo em jovens entre os 25 e 40 anos, com predileção para o sexo feminino na proporção de 3:1. Nessa faixa etária os pacientes estão na plenitude do seu potencial de trabalho e, ao apresentarem a doença, são geradas consequências desastrosas para o desenvolvimento profissional e social.

Ataques de pânico são inesperados e recorrentes e aparecem em crises com um curto período de intenso medo ou desconforto junto com 4 ou mais dos seguintes sintomas que aparecem abruptamente e ficam muito intensos em cerca de 10 minutos:

- suor intenso;
- palpitações;
- tremores ou abalos;
- sensação de falta de ar ou de sufocamento;
- sensação de asfixia;
- náuseas ou desconforto abdominal;
- sensação de instabilidade, vertigem, tontura ou desmaio;
- sensação de irrealidade ou despersonalização (estar distante de si mesmo);
- medo de morrer;
- sensação de anestesias ou formigamento;
- calafrios ou ondas de calor.

Muito da sintomatologia da síndrome do pânico é confundida com a de origem cardíaca, daí essa doença ter sido chamada "neurastenia cardiocirculatória", ou neurose cardíaca, até meados de 1980. Essa similaridade de sintomas é também o principal motivo de o paciente procurar o cardiologista para o seu primeiro atendimento.

As complicações decorrentes dos repetidos ataques de pânico induzem a gastos excessivos por parte dos pacientes (ou dos planos de saúde ou do Sistema Único de Saúde) com médicos e exames complementares, muitas vezes dispensáveis. Afastamento do trabalho, faltas, impossibilidade de aceitar promoções (por medo de assumir maiores responsabilidades) e até pedidos de demissão são situações corriqueiras na vida desses pacientes, sobretudo se a doença não for diagnosticada precocemente e vier acompanhada de agorafobia (medo de frequentar lugares públicos e abertos). Somando-se a tudo isso há uma deterioração econômica progressiva.

Socialmente, as sucessivas recusas a convites recebidos geram afastamento e perda de contatos sociais.

No que tange ao relacionamento familiar, o paciente recebe inicialmente os cuidados de parentes mais intimamente envolvidos.

Após várias "peregrinações" a consultórios médicos, onde os exames insistentemente não mostram patologias palpáveis, os familiares adotam atitudes de estímulo para que o paciente saia da crise.

Porém, com o tempo, esse mesmo paciente passa a ser alvo de críticas desferidas não só pela família, como também pelos amigos, que lamentavelmente só contribuem para o agravamento das crises.

O desenvolvimento de agorafobia ocorre porque os pacientes passam a ter medo de sofrer um novo ataque de pânico no mesmo lugar onde um anterior já tenha acontecido (teatro ou cinema, por exemplo).

Após a crise as pessoas ficam com medo persistente de ter novo ataque – "É o medo de ter medo" –, ou criam situações de ansiedade por enorme preocupação acerca das implicações do ataque ou suas consequências (isto é, perda de controle, ter um ataque cardíaco, ficar maluco) levando-as a alterar significativamente as suas vidas.

O isolamento social é quase inevitável e a depressão está quase sempre presente.

Isabel: muito pânico e pouca vida

Isabel continuou me contando a sua experiência durante a crise e disse-me:

– Doutor, ao sair do hospital, uma enfermeira que era evangélica confortou-me muito ao falar-me de Jesus Cristo. Eu estava consciente de que a minha crise estava indo embora e também com muita fé que ela não voltaria tão cedo. O médico de plantão aconselhou-me a procurar um cardiologista, e assim ocorreu. Deus indicou-me você, doutor!

Após examiná-la e certificar-me de que realmente não havia patologia orgânica palpável, conversei bastante com ela, sempre enfocando a importância do envolvimento religioso na cura das doenças, visto que Isabel é uma profissional de saúde em fase de pós-graduação em nossa faculdade. Recomendei-lhe as leituras católicas que sempre indico para os meus clientes, receitei-lhe medicamento específico e ela foi embora, aparentemente mais tranquila e confortada.

Alguns meses depois, Isabel voltou ao consultório, mais "leve", de bem com a vida e livre dos ataques de pânico. Tinha tomado regularmente a medicação receitada e disse-me:

– Estou muito bem, doutor. Vim aqui para que autografe o seu livro, que já li e fiquei muito impressionada. Acho que a minha história deveria estar neste ou no seu próximo livro. Não sei se o senhor se lembra que, no dia da primeira consulta, presenteou-me com um exemplar da Novena da Cura da Depressão do Padre Antonio Maria. Fiz direitinho a novena e até agora nunca mais tive crises. Estou curada, doutor. Não é também um milagre?

– Foi Deus que a livrou das crises, mas continue a tomar os dois tipos de remédios que lhe receitei: um deles (mostrando-lhe a receita médica) fez-lhe muito bem para o corpo e outro (apontando para a imagem de Jesus Cristo Crucificado que tenho na minha sala) será sempre o único remédio para a cura do nosso corpo, psiquismo e espírito.

"Em verdade, ele tomou sobre si nossas enfermidades e carregou os nossos sofrimentos" (Isaías, 53,4).

Decifrando o triângulo da depressão e da cura

Durante um dos programas da TV Canção Nova em que participei por ocasião do lançamento do meu primeiro livro, *Milagres que a medicina não contou*, fiquei surpreso com as afirmações do Padre Léo durante o seu programa *Tenda do Senhor*.

Falando ao vivo para os telespectadores de todo o Brasil, ressaltou o conteúdo teológico existente no livro, principalmente com relação ao meu triângulo da depressão. Nesse mesmo dia, enquanto adorávamos o Santíssimo Sacramento, profetizou que o livro seria um *best-seller* e que deveria me preparar para enfrentar toda a mídia, que certamente viria atrás de mim.

Sem falsa modéstia, questionei suas afirmações, mas ao mesmo tempo respeitei e agradeci o elogio do padre, principalmente por vir de um sacerdote com "S" maiúsculo, ou seja, dono de uma sabedoria muito grande e um grande comunicador de massas.

Palavras sábias e proféticas foram aquelas, pois, quando menos esperei, o livro explodiu em vendas em todo o Brasil, com perspectivas de lançamento em línguas estrangeiras. Andei por quase todos os programas de rádio e televisão do país, proferi palestras em vários grupos de oração e, por incrível que pareça, falei até para médicos e outros profissionais da saúde.

Cada vez que falava sobre o triângulo da depressão tinha uma grata surpresa, pois sempre alguém se dizia beneficiado pela mensagem transmitida por ele. Isso me deixava cada vez mais encafifado com o "tal" conteúdo teológico visto no meu triângulo, pois o que para mim parecia algo tão simples, para os outros assumia proporções místicas que realmente fugiam à minha compreensão.

Entendi que deveria existir "um algo a mais" que estava sendo transmitido por meio daquele simples desenho, ou seja, ao ler os testemunhos dos leitores que recebi por e-mail e por carta, compreendi que realmente Deus estava me usando como seu instrumento.

Certamente, toda a simbologia escondida atrás daquele simples desenho foi um instrumento de Deus para abrir o inconsciente de muitas pessoas, de modo a permitir a ação curativa do Senhor.

Por causa de tudo isso que ocorreu, resolvi escrever este capítulo deste novo livro com o objetivo de partilhar com você, meu querido leitor e minha querida leitora, toda a graça que recebi do Senhor e de Maria ao escrever *Milagres que a medicina não contou*.

Achei interessante transcrever algumas correspondências recebidas, para que vocês pudessem sentir comigo toda essa desgraça que é a depressão. São relatos de pessoas reais, verdadeiras, cujos testemunhos podem até ser parecidos com os nossos, caros leitores, mas eles vêm sempre acompanhados das soluções que Deus lhes deu.

Quem sabe, espelhando-se nesses caminhos dados por Deus, encontraremos as nossas saídas para os nossos problemas? Vamos a eles? Tomei o cuidado, no entanto, de substituir os nomes verdadeiros dos protagonistas por outros fictícios, simplesmente para evitar constrangimentos públicos.

"Potiguar" deprimida

Natal, 24 de novembro de 2002

Olá! Antes de mais nada, quero que saiba que a letra verde significa esperança (o e-mail estava em cor verde). Pois foi ESPERANÇA na vida, no amanhã e acima de tudo em DEUS que encontrei ao ler Milagres que a medicina não contou.

Meu nome é Maria. Tenho 20 anos, faço 2º período da Faculdade de Direito. Moro em Natal, RN. Sempre fui muito religiosa.

Desde pequena vou a missas, e, graças a Deus e à Virgem Maria, não fiz da minha adolescência motivo para distanciar-me da religião, o que aconteceu com muitos amigos.

Quando eu tinha 14 anos, fiz um encontro com Cristo e me empenhei ainda mais no serviço a Deus. Ano passado fiz o "Segue-me" na paróquia perto da minha casa, e, até pela comodidade, acabei me engajando em uma pastoral desta paróquia.

Todas as quartas vou a uma comunidade de São José de Mipibu (cidade do interior) dar aula de geografia e evangelizar.

Resumindo, sou uma católica "praticantíssima". Às vezes me questiono por algumas coisas, mas sinto tanto amor de Jesus Cristo e de Nossa Senhora que aceito e encaro com muita facilidade as provações do dia a dia. O engraçado é que tenho 3 irmãos mais velhos e nem eles nem meus pais são tão atuantes como eu. Minha mãe até vai à missa, mas meu pai e meus irmãos é uma luta diária. Às vezes sou até criticada por alguns amigos que, não conhecendo o infinito amor de Deus, dizem que eu vou virar freira. Eu não ligo, até acho engraçado.

Bem, o fato é que, no início de agosto, comecei a ficar muito deprimida. O tempo foi passando e fui entrando em uma séria depressão. Só tinha vontade de dormir para o tempo passar mais rápido. Uma dada vez, até escrevi uma carta em plena aula me despedindo de todos os meus amigos e família. Um dia, quando li para uma amiga a carta, ela disse que eu precisava de terapia, *por isso fui falar com "mainha", li a carta e tive todo apoio dela. Passava os fins de semana em casa vendo filmes (e filmes tristes). Quem me acompanhava muito era Bruna (uma irmã pra mim). Sentindo minha fragilidade emocional, ela me presenteou com seu livro. Neste período fiquei quase um mês sem ir à missa, tamanha era minha indisposição para viver. Estou escrevendo porque, além de agradecer pelo amor que sinto hoje em meu coração, quero que saiba quão forte está minha fé (e espero que cresça a cada dia). Foi incrível como li seu livro com rapidez. A cada palavra, sentia mais enormemente o amor pela vida em meu coração... O livro foi o instrumento de Jesus Cristo na minha cura.*

QUE DEUS O ABENÇOE SEMPRE!

P.S.: domingo passado voltei a minha Santa Missa.

Abraços, Maria

Em 3 de dezembro de 2002, Maria escreveu-me um e-mail contando-me como estava passando. Vejam a manutenção da graça obtida de Deus:

Dr. Savioli, o senhor não imagina a alegria por receber uma resposta sua... Mais ainda por ter ótimas notícias. Embora fraqueje às vezes, sempre acreditei ser Jesus Cristo o guia da minha vida. Eh! realmente nada acontece por acaso. Sinto-me encorajada para vencer na vida, e, ainda mais, para ajudar incessantemente. Dou aula através de um trabalho voluntário em uma cidade do interior próxima a Natal, e é impressionante como sinto minha fé tocar no coraçãozinho de cada um de meus alunos. Jovens desprivilegiados por nossa sociedade que lutam diariamente para não entrarem no mundo das drogas, prostituição. O ano está acabando com balanço positivíssimo da nossa espiritualidade. Paralelo a isso, tenho duas amigas com câncer, uma na medula e outra no pulmão. A que tem no pulmão nunca foi muito ligada à religião, mas é impressionante a forma como acredita que ficará boa, sua fé está crescendo e regando a das pessoas que a amam. Seu caso está evoluindo, ficará boa, assim como a minha outra amiga.

Quanto a mim, estou trabalhando em um encontro da Paróquia de Santa Teresinha. Temos reuniões até as duas horas da manhã, porque é o único horário que não atrapalha faculdade nem trabalho de ninguém. Estou desenvolvendo um trabalho voluntário com meus alunos para arrecadar alimentos para a campanha Natal Sem Fome. Espero não ter tomado muito o tempo do senhor.

Fico grata pela atenção. E quero que saiba: embora muito nova, já sei que Deus sempre guiou e guiará meus passos.

Inclusive minhas dores e tristezas, pois a alegria é indispensável em nossa vida, mas o sofrimento é necessário para o nosso crescimento. Espero que minha felicidade ao ajudar o próximo nunca seja ofuscada pelo corre-corre do dia a dia, pois sinto uma enorme vontade de retribuir a Jesus e Maria a força que tenho pra viver.

Um abraço, Maria

Ah! estou perdendo as contas de a quantos amigos já dei o seu livro de presente, todos adoraram.

O caso de Maria é tão igual a tantos outros que vi durante minha carreira médica, mostrando quão frequente e perigosa é a depressão. Embora sendo uma pessoa engajada na igreja, apresenta quadro de depressão importante, demonstrando que essa doença não poupa ninguém, podendo ser causada por vários fatores, até de ordem genética.

O fato de ser praticante da fé católica não a impediu de ter a doença. Não é porque somos pessoas de fé que seremos poupados de qualquer tipo de moléstias, pois a doença não vem de Deus, ela é decorrente de nossos defeitos e de nossos erros.

É errado atribuirmos a Deus a responsabilidade por nossas doenças, mas é certo que, se estivermos com Ele, poderemos suportá-las melhor.

Outro dia, ao dar a notícia para um paciente que ele necessitava fazer uma cirurgia de ponte de safena, ele me retrucou lamentando-se:

– Puxa vida, doutor, porque Deus deixou isto acontecer comigo?

Respondi-lhe prontamente:

– Deus não fez nada de ruim para você. Você fumou a vida inteira, nunca fez dieta, nunca fez exercício físico e agora vem jogando a culpa em Deus. Você está errado, pois deveria agradecer ao Senhor por estar tendo a possibilidade de se curar por meio da cirurgia. Agora é momento de louvar e agradecer a Deus por isso tudo, não é hora de se lamentar.

Muito se tem falado e escrito a respeito de depressão e religiosidade, existindo maior controle da doença em pessoas que têm fé em Deus e naquelas que realmente praticam o cristianismo como se deve. Posso ser testemunha de vários pacientes que se libertaram da depressão, da ansiedade e da síndrome do pânico após admitirem que estavam longe do Senhor e também após se entregarem totalmente a Deus.

Voltando ao caso da Maria, vemos pelo seu relato que continua tendo alguns sintomas depressivos, mas com a ajuda do Senhor pode suportá-los. Facilmente podemos perceber que Maria realmente está convertida e rendida aos desígnios de Deus. Hoje, vivendo a Palavra do Senhor, podemos entender quando nos diz:

"Enquanto espera o tempo do Senhor, faça o bem".

Deprimida e afastada de Deus

Caro Roque,

Acabo de ler em lágrimas seu livro Milagres que a medicina não contou *e, extremamente emocionada, tenho apenas que agradecer por você ter sido instrumento de Deus em minha vida.*

Sou católica, mas como muitas pessoas acabei deixando Deus de lado pelos problemas da vida, correria do dia a dia, desemprego.

Participei por anos no ministério de Intercessão na minha antiga comunidade no estado do Espírito Santo. Hoje moro em Curitiba há 4 anos e desde que vim para cá me encontro distante de Deus.

Estou com um princípio de depressão, ansiedade e melancolia, não consigo me concentrar nas coisas nem ser uma boa mãe.

O seu triângulo sobre a depressão me ajudou muito a entender melhor as coisas e ver realmente que o que faltava em minha vida era a presença de Deus.

Muito obrigada, meu amigo, que Deus o continue iluminando e que você possa cumprir sua missão aqui na Terra.

Susana,
Curitiba/PR

Susana é um exemplo perfeito da tese que defendo e passo para os meus pacientes: Quando estamos com Deus temos a luz, o calor e a vida. Sem Ele vêm a depressão, a doença e a escuridão.

É importante acreditarmos que Ele cuida de nós como filhos, ou seja, sempre está pronto para ouvir os nossos pedidos.

Outro dia, durante uma consulta, ao tentar responder a um paciente sobre os "porquês" da sua vida triste e repleta de problemas, lembrei-me do Livro de Tobias:

> *"Deus permitiu que lhe acontecesse essa prova, para que a sua paciência, como a do santo homem Jó, servisse de exemplo à posteridade"* (Tobias, 2, 12).

O bem que seu livro me fez

Domingo, 6 de outubro de 2002 19:19:18
Para: roque.savioli@incor.usp.br
Assunto: O bem que seu livro me fez...

Dr. Roque:

É com muita admiração, respeito e carinho que estou lhe escrevendo.

Minha vida mudou para melhor depois que li o seu livro! Minha mãe ficou doente, teve um AVC (acidente vascular cerebral), sofremos muito com a doença. Ela era uma santa mulher, mãe extrema, religiosa. Meu pai ficou totalmente alheio à doença dela e a tudo...

Ela faleceu, teve uma parada cardíaca (já tinha problema cardíaco). Eu estava com ela na hora de sua morte.

Depois da morte da minha mãe tivemos problemas emocionais, sociais e financeiros. E o meu pai sempre alheio a tudo.

Eu tomava medicamento para emagrecer e um dia passei mal, meu coração acelerou demais e demorou para normalizar. Fui hospitalizada e depois procurei um cardiologista. Fiz os exames e foi constatado que o medicamento tinha me feito mal. Não acreditei, achava que tinha algum problema cardíaco, assim como minha mãe.

Depois disso, eu me casei e tive um problema sério no útero (minha mãe tinha também). Tinha hemorragias terríveis e anemia por causa de um mioma (tumor benigno de útero).

Precisei fazer uma cirurgia às pressas. Melhorei do problema ginecológico, mas fiquei totalmente transtornada, nervosa e com muito medo.

Medo de tudo. Tive problemas de má circulação, meus braços e minhas pernas formigavam e eu tinha um zumbido horrível na cabeça.

Melhorei, mas meu coração estava sempre acelerado e eu tinha muito medo... Voltei ao cardiologista, fiz vários exames e nada foi constatado. O médico me tranquilizou dizendo que era ansiedade, nervoso. Fui a vários médicos...

Tive uma crise terrível de pânico, tinha medo de tudo, medo de morrer, de ter um problema cardíaco, de passar mal. Sentia tonturas; fui a um neurologista, fiz exames e nada foi constatado.

Ele, como outros, me aconselhou a procurar um psiquiatra.

O senhor não acredita em quantos especialistas estive, eles tentavam me ajudar, mas não confiava...

O senhor citou em seu livro um caso parecido com o meu, do senhor Giovanni e sua filha de 30 anos (também tenho essa idade) – e tudo terminou em pizza.

E num desses retornos das inúmeras consultas, passei por uma livraria católica e resolvi comprar seu livro. Que bênção! Agora eu acredito que não tenho nada! Bendito seja seu livro, doutor Roque! Estou ainda em tratamento, mas estou bem melhor! Eu não queria que o livro acabasse, queria mais... Estou encantada com seu livro, seu trabalho, sua vida! Obrigada! O senhor tem razão: "A depressão ocorre quando há ausência de Deus na vida das pessoas". Estou voltando a participar das atividades da Igreja na minha comunidade. E pode ter certeza de que "o meu caso é mais um milagre que a medicina não contou".

Um abraço!
Marta

Marta escreveu-me novamente no dia 15 de novembro de 2002, dando-me uma grata notícia:

Dr. Roque:

O senhor se lembra de que eu lhe mandei um e-mail para dizer-lhe o "Bem que seu livro me fez"?

Agora tenho uma novidade para contar-lhe! Estou grávida! E estou muito feliz!

Estava fazendo tratamento psiquiátrico e arrumei um bebê!

Foi a melhor coisa que me aconteceu! Eu queria, sim, um filho, mas estava sempre adiando... devido àquele MEDO que lhe contei. E de repente, sem eu e meu marido planejarmos, aconteceu.

Deus quis assim, Ele sabe a hora de tudo! Ele sabe o que faz! Agora sou obrigada a deixar meu MEDO de lado e cuidar bem dessa vida dentro de mim.

O senhor faz parte dessa transformação na minha vida! Obrigada, doutor Roque! Aprecio muito seu trabalho, sua vida!

Um abraço!
Marta

Com muita propriedade Marta se classificou como um dos milagres que a medicina não pode contar, pois conseguiu controlar o estado depressivo importante e a síndrome do pânico, após se reencontrar com Deus.

Vejam, caríssimos leitores, como as situações ocorridas nos tempos bíblicos são muito atuais, pois se repetem a todo instante.

Marta é o filho pródigo voltando para a casa do pai. Ela retorna, sem nada para ofertar e com as mãos vazias, mas recebe um grande presente do Pai: a gravidez.

Esse tipo de testemunho é muito importante porque, sendo real e já tendo acontecido com milhares de pessoas, poderá acontecer conosco também. Basta querer, pois sempre o Pai nos estará esperando com um lindo presente nas suas mãos.

Alguns dias depois, escrevi-lhe um e-mail, para saber como estava passando, pois costumo manter contato, sempre que posso, com meus leitores. Ela respondeu-me desta maneira:

3 de dezembro de 2002
Dr. Roque:

Estou muito bem! Estou feliz com minha gravidez. Claro que continuo perseverante na minha FÉ! Outro dia tive um pouco de sangramento, voltei a ler seu livro e é com minha FÉ que recebi a notícia que o bebê estava bem, tinha sido apenas um susto.

É a minha FÉ que me faz viver bem! Seu livro é meu livro de cabeceira.

Continuo uma pessoa ansiosa, mas tenho controle da situação. Continuo rezando de manhã. Começo meu dia bem...

Um abraço! Obrigada por se preocupar comigo! Já pensou em escrever outros livros?

Ah! Já ia me esquecendo de contar, presenteei um médico meu amigo com seu livro (ele já tinha ouvido falar e pediu o meu emprestado). Ele ficou emocionado porque eu escrevi o seguinte na dedicatória: Para doutor Geraldo Magela, que é alguém que também acredita que na vida há milagres que a medicina não contou...

Marta

O caso da Marta foi muito emocionante e recompensador para mim, deixando-me com aquela sensação gostosa do dever cumprido.

Além disso vem comprovar na prática a importância da fé e da religiosidade na saúde das pessoas.

Por outro lado, tenho certeza de que Marta deve ter ouvido o Senhor lhe dizer o mesmo que disse à mulher que padecia de um fluxo de sangue:

> *"Filha, a tua fé te salvou. Vai em paz e sê curada do teu mal"* (Marcos, 5,21-43).

Mãe evangélica com depressão

Olá, Dr. Roque,

Acabo de ler seu livro, gostei muito. Desde quando vi sua entrevista na Canção Nova *quis adquirir seu livro, todavia só comprei quando fui trocar um presente que ganhei do meu noivo, em uma lojinha católica. Mesmo sendo da dona da loja, e não estando à venda, consegui ficar com o livro.*

Estou passando por uma fase difícil com minha mãe, ela está em depressão (já está tomando antidepressivos), e seu livro veio como combustível para mim, para me enriquecer e me fortalecer em Deus.

Antes disso tudo acontecer, era integrante do ministério de música do grupo de oração da capela Bom Jesus dos Passos – Guarujá, só que com o medo de minha mãe ficar sozinha... pensando que fosse morrer, parei minhas atividades na igreja, agora só vou às missas dominicais.

Minha mãe é evangélica daquelas beeeeeeeeem evangélicas, tem 46 anos, sempre foi enérgica, é muito difícil conviver com ela assim. Meu pai não ajuda, pois além de ser muito pessimista, não gosta de nenhuma religião. Foi criado como católico, mas já passou por vários templos e seitas, raramente vai ao culto com minha mãe. Quando isso acontece, ele volta reclamando do fato de o pastor ficar pedindo dinheiro. Isso chega a ser engraçado. O que vale é que ele está encontrando o seu caminho, já estando 40% melhor. Deus está fazendo a renovação dele, glória a Deus.

O problema é a minha mãe, pois tenho receio de o quadro dela piorar, por ocasião do meu casamento. Como sou filha única, meus parentes e conhecidos acham que ela está assim porque vou sair de casa.

Estou tentando encontrar uma maneira de falar sobre o seu triângulo da depressão para ela, mas como vive em oração, fica difícil. Tentei fazer com que ela lesse seu livro, mas ela não aceitou, só lê a Bíblia.
Ai, Ai. Peço a Deus que nos ajude.
Que Deus abençoe você e sua esposa.

Um enorme abraço,
Luísa

A história da Luísa lembra-me muito o caso da Dona Maria, a evangélica de 94 anos que ia ao meu consultório para me converter para sua denominação religiosa. Após várias discussões e entreveros, sempre tendo a figura de Nossa Senhora como ponto de discórdia, achei por bem não falar mais em religião com ela, até o dia em que chegou ao consultório num estado depressivo lastimável e lamentável. Não precisei de muito tempo para ver que o problema estava no seu afastamento da sua igreja. Vou parar por aqui, pois os detalhes deste caso estão no meu primeiro livro, no capítulo "E ela se reencontrou com Deus".

Sei, no entanto, como é difícil tentar passar para algumas pessoas palavras de conforto e de paz. Às vezes a soberba é tão grande, que mesmo escondendo-se atrás de discursos bíblicos, pessoas ficam cegas e surdas a quaisquer informações que não sejam de sua concepção.

Como médico, sou obrigado a aceitar qualquer tipo de filosofia religiosa dos pacientes, pois seria antiético usar da fragilidade dos pacientes no momento das doenças para incutir-lhes minhas concepções religiosas. Como cristão católico, por outro lado, pelos compromissos assumidos com Jesus Cristo, sou obrigado a divulgar a Boa-Nova a todos aqueles que me procuram. Desde que comecei a atuar como um médico cristão nunca tive nenhum tipo de problema durante os atendimentos (que não foram poucos), pois tenho certeza de que o nosso Deus sempre está ao meu lado, dirigindo o meu pensar, o meu sentir e o meu agir, e ao pegar na minha mão, Nossa Senhora não me deixa magoar os pacientes, mesmo aqueles que não acreditam que Ela seja a Mãe de Deus.

Médica com tumor maligno cerebral

21 Nov 2002, 04:45:07 PM
Triângulo da Depressão

Prezado Dr. Roque Savioli,

Primeiramente gostaria de parabenizá-lo pela divina obra que foi seu livro Milagres *que a medicina não contou o qual acabei de ler e recomendei à minha esposa (que está com câncer) como leitura obrigatória. Considero esta mais uma ação do Espírito Santo, com certeza.*

Apesar de ser engenheiro industrial, tenho, há algum tempo, uma noção de comportamento da falta de fé cristã no meio médico pois minha esposa é médica neurologista. Estamos casados há 6 meses, ela tem 29 anos e eu tenho 31. Ela estava este ano defendendo tese de doutorado em São Paulo, quando teve de interromper, pois descobrimos há um mês atrás um tumor expansivo em seu cérebro, mais especificamente na região da pineal.

Resumindo, ela já foi submetida a um procedimento cirúrgico de remoção do tumor e graças a Deus já está em casa e se recuperando bem, sem nenhuma sequela grave. Devemos começar a radioterapia na próxima quarta-feira e estamos com muita fé que ela ficará bem, pois já consideramos uma bênção sua recuperação pós-operatória, cuja cirurgia foi muito extensa.

Somos católicos unidos pelo sacramento do matrimônio, sendo eu praticante desde criança, pois, como o doutor, também fui coroinha e sempre estive presente na comunidade com o objetivo de sempre saber mais sobre a doutrina de nossa igreja e do desenvolvimento espiritual que pregava a religião católica. Algumas vezes afastado, quando ingressei na faculdade, mas sem deixar morrer a fé católica que havia em mim, graças também à criação dada por meus pais.

Ao contrário, minha esposa, até antes de casarmos (e depois que descobrimos o tumor, dias que antecederam a cirurgia), tinha muitas dúvidas sobre a fé católica, pois cuidava de doentes que sofriam muito com problemas neurológicos e paralisias e ela não se conformava com isso, sobre todo esse sofrimento nas pessoas, por que Deus permitia isso. Então, através da influência de alguns colegas médicos (possuindo uma condição cômoda e palpável sobre a vida e a morte) começou a declinar ao espiritismo e a acreditar em vidas passadas e até destino e cartomantes, embora não afirmasse isso abertamente.

Enfim, após nos casarmos, começamos a frequentar as missas católicas juntos e sempre conversávamos sobre religião e ela começava a acreditar mais na prática cristã católica, da qual participava das missas até durante a semana.

Logo agora, que começávamos uma nova vida participando da comunidade e unidos na mesma fé, surgiu o câncer na minha mulher. Que triste coincidência, não, doutor?

Mas toda essa preocupação entregamos a Deus, que hoje nos fortalece o coração. O triângulo da depressão descrito em seu livro vem nos ajudando muito nesta fase (família+doente). Quando deparei com ele, fiquei maravilhado com a profundidade de seu estudo, o qual meus familiares e eu estamos seguindo para qualquer desventura dessa vida terrena.

Abraços, e que a paz de Nosso Senhor Jesus Cristo e Nossa Senhora o acompanhe e o abençoe sempre em sua caminhada, para que mais obras sejam feitas para conversão das pessoas sedentas de Deus, que ainda são muitas (...)

Otávio

Algum tempo depois, após comunicar-me com Otávio, pois tinha-me proposto uma mudança no *layout* do meu triângulo da depressão, ele me respondeu:

Prezado Dr. Roque,

É com muito prazer que respondo a essa sua mensagem. A modificação do triângulo foi uma inspiração do Espírito Santo com objetivo de demonstrar melhor o estudo maravilhoso do doutor, principalmente para aquelas pessoas que não têm acesso ao livro.

Estamos indo bem com as graças de Jesus e as bênçãos de Nossa Senhora. Após nosso primeiro contato a doutora Julia, minha esposa, foi submetida novamente a uma cirurgia de emergência para a colocação de uma válvula permanente no cérebro. Ela está reagindo muito bem e cremos que poderemos seguir em frente com nossas vidas, pois neste período de recuperação ela já está mais independente, andando com equilíbrio, movimentando as mãos e os braços, ações impossíveis anteriormente. Mas para Jesus nada é impossível e temos que caminhar na fé.

Ela ainda não conseguiu ler o livro (eu estou lendo até as indicações que o doutor mencionou no livro), mas está recebendo a comunhão em casa, com o mesmo padre que celebrou nosso matrimônio seis meses atrás, ela já se confessou e faz orações diárias quando pode (pois está ainda se restabelecendo da última cirurgia).

O terço (rosário) já é nosso companheiro diariamente, o que nos faz observar as graças que estamos recebendo a cada momento através das orações de todos, como o doutor e demais colegas.

Que Jesus Cristo continue o abençoando e que Nossa Senhora proteja e cubra com seu manto todos os seus entes queridos.
Abraços e um Feliz Natal cheio de paz e alegria no Senhor!!!

Otávio

Meses depois, recebo *e-mail* de Otávio dizendo:

Prezado Dr. Roque,
Seu livro e suas mensagens enviadas foram fundamentais para que eu acolhesse definitivamente Jesus e Maria em minha vida! E conseguisse passar na fé por tudo isso. Que Deus continue abençoando você e suas obras!

Abraços!

O anexo do *e-mail* mostrou a seguinte mensagem:

Que a Paz de Cristo e o Amor de Maria estejam convosco!
Em outubro de 2002, quando estávamos com cerca de 6 meses de casados, minha esposa obteve um diagnóstico de tumor cerebral (câncer). Ela, por ser médica neurologista, mantinha em casa vários livros a respeito do assunto.
Foi quando eu, na intenção de saber um pouco mais do prognóstico (perspectiva da doença), para tentar ajudá-la de alguma forma durante o tratamento, peguei um desses livros para ler... Ao abri-lo me deparei com um panfleto de divulgação da oração do terço que continha a figura de Nossa Senhora de Fátima. Talvez ela tivesse recebido este panfleto de alguém e o guardou dentro do livro, pois estava até amarelado, velho. Ao mesmo tempo um sentimento de profunda emoção tomou conta de mim e uma voz interior me disse: "Quer ajudar a sua esposa e a você mesmo? Quer ter paz neste momento de tribulação? Este é o caminho, reze o terço todos os

dias... Não há outro caminho!". Então analisei a situação e concluí que Jesus é o único caminho e através do terço Nossa Mãe Maria me conduziria a Ele! Fechei o livro e abri meu coração para que as Graças do Senhor por intercessão de Nossa Senhora de Fátima penetrassem em nossos corações. Comecei a rezar o terço todos os dias. A partir daí comecei também a ler a Palavra de Deus – Bíblia, pois havia ganhado uma em um sorteio do mês da Bíblia, em uma das missas na comunidade da qual participava. Este presente também considerei uma graça da providência divina.

Minha esposa passou por diversas cirurgias, complicações, radioterapia, mas após quatro meses, voltou às atividades normais tendo uma boa qualidade de vida, pois andava sozinha e tinha consciência de seus atos e até voltou a dirigir! Era uma bênção de Deus por meio de Nossa Senhora ver minha esposa de pé novamente. Nossa vida mudou. Passamos a rezar o terço juntos, antes de dormir, como nunca havíamos feito antes.

Ao contrário dos testemunhos os quais temos visto, o caso da minha esposa, pela vontade de Nosso Pai que é Deus, não terminou com uma surpreendente recuperação, pois o câncer, que era maligno, se espalhou em um período muito curto de tempo, após 4 meses de louvores e alegrias pela maravilhosa recuperação inicial. A partir daí, não desanimei, mantive a fé e continuava a orar e pedir a intercessão de Nossa Senhora para esta situação. Entreguei todo o sofrimento em suas mãos para que lavasse com o Sangue Divino de Jesus as nossas almas. Enfim fomos muito agraciados; toda a família e amigos se puseram em única oração em intenção de minha esposa. Esta por sua vez se encontrava em estágio terminal, mas com uma espiritualidade e uma fé afirmada em Jesus Cristo através da Palavra e em Nossa Senhora através do terço. Minha esposa cativava a todos, principalmente as pessoas da área médica. Deparamos com médicos e enfermeiros espíritas em sua maioria, mas encontramos também muitos médicos cristãos que oravam conosco no hospital.

Tudo por graça de Deus. Muitas pessoas de outras crenças sofriam e se deparavam conosco nos hospitais (nos vários em que estivemos) onde se questionavam de onde viria tanta fé, amor, piedade, caridade e doação? Pois éramos todos católicos e católicos não aparentam ter tanta fé! Sendo que minha esposa estava prestes a partir, já não havia o que fazer mais...
(Vale aos católicos repensar sobre tudo isso e reafirmar a ressurreição de Cristo e suas promessas.)
E... Graças atrás de Graças! Seguirá apenas um resumo da imensidão das graças alcançadas...
Durante todo o período de um ano e um mês, minha sogra, apesar dos problemas de saúde, ficou firme e conseguiu cuidar e ficar na Fé ao lado de minha esposa todo o tempo. Nossa Senhora também colocou pessoas de almas boas em nossas vidas (irmãos, cunhadas(os), tias(os) e colegas) que puderam nos ajudar em casa e no hospital, tanto para somar na oração como para cuidar da enfermidade, pois eu tinha que trabalhar em outra cidade.
Recebi a Bênção de continuar trabalhando! Recebíamos auxílio espiritual de um Frei Carmelita que havia celebrado nosso matrimônio. Graças a Deus minha esposa recebeu todos os sacramentos necessários (confissão, eucaristia, unção...). Minha esposa não sentiu as dores das doenças, o que contrariava os médicos, e foi corajosa o suficiente para se entregar nas mãos de Nossa Senhora, quando através de um casal dos Arautos do Evangelho, pudemos levar ao Hospital a imagem peregrina de Nossa Senhora de Fátima, para que ela pudesse contemplá-la. Estes foram os últimos momentos de consciência de minha esposa, graças a Deus! E foi tudo através da providência divina, pois não tínhamos a autorização do hospital e mesmo assim fomos muito bem recebidos e o hospital parou para contemplar a imagem da Mãe do Senhor. Depois de alguns dias de coma, totalmente desacordada, minha esposa "ressuscita" e abre os olhos para se despedir de minha sogra que se encontrava ao lado

do leito, onde mantínhamos também um oratório de Nossa Senhora de Fátima.

Foi mais uma Graça alcançada!

Depois disso ela não acordou mais...

A morte e o sepultamento...

Recebi então um telefonema de um colega, pedindo que eu colocasse o Escapulário de Nossa Senhora do Carmo em minha esposa, acreditando que após uma semana Nossa Senhora viria buscá-la e apresentá-la ao Filho Jesus.

Assim ocorreu, uma semana após eu colocar o escapulário em minha esposa, ela partiu... em 12 de novembro de 2003.

Os médicos diziam que os olhos poderiam saltar e o corpo inchar e não causar uma boa impressão para o velório do corpo. Mas quando cheguei ao velório deparei com minha esposa com um semblante de paz, radiante e linda como jamais vira durante todo o período da doença. Ao seu redor tinha doze coroas de flores enviadas para homenageá-la, o que levou ao comentário de que em Apocalipse, 12 a coroa de Nossa Senhora continha 12 estrelas.

Coincidência? Não! Providência? Sim.

Enfim, gostaria de passar a mensagem que se Deus é Pai e um pai não quer o mal do filho. E se somos filhos de Deus, temos que aceitar sua vontade, pois é para nosso bem. Assim podemos observar o bem de Deus em todo "mal" da terra. Isso somente conseguiremos se desapegarmos das coisas temporais...... Orando isso já é fato! Às vezes me questiono, como posso dar um testemunho de fé, que acaba em morte? No mesmo instante recordo da vida e das palavras de Jesus e das dores de sua Mãe e sinto em meu coração que a morte é o início da vida e vida plena! Saudades sempre teremos da pessoa amada, mas o mais importante é a certeza que hoje tenho e testemunho que Nossa Senhora esteve sempre ao nosso lado suplicando ao Filho compaixão para os nossos sofrimentos e que nossas preces foram todas ouvidas. Estamos hoje em pé defronte esta Cruz, já sem *a presena do ente querido, mas com a esperança de um dia desfrutarmos a mesma PAZ que hoje minha esposa tem na vida eterna, conquistada com as orações do terço e sua perseverança na Fé nas promessas de Cristo! Salve Maria!*

Otávio

Essa história é muito comovente e mostra por que Deus permite as doenças e também a morte. Se por um lado é incompreensível para nós o plano de Deus, misterioso também é o alcançar da graça. Otávio não obteve a cura da esposa, mas, sem dúvida alguma, conseguiu uma maior graça que foi a sua conversão, ou seja, a sua cura interior.

Que lindo exemplo de fé, de resignação e confiança que toda a família mostrou. Que o testemunho de Otávio seja para todos nós modelo de admiração e de certeza da misericórdia do nosso Deus.

Benedito: o que estava indo para o espiritismo

Não tenho certeza se foi na TV Século XXI ou na Rede Vida que um telespectador perguntou-me por que existem vários médicos que aceitam o espiritismo e vidas passadas. Lembro-me muito bem da minha resposta, quando lhe respondi:

– Entrar para o espiritismo, acreditar em vidas passadas é algo "chic", pois as pessoas sempre estão sendo reencarnações de reis, rainhas, pessoas de muita posse. Nunca vi ninguém dizer que é reencarnação de escravo, do Bandido da Luz Vermelha, de Jack, o estripador.

Até o Concílio Vaticano II, a Igreja sempre se colocou à parte de explicações de experiências extrassensoriais, assunto muito discutido pelas filosofias espíritas. Muitas vezes, na necessidade de explicações para acontecimentos extraordinários, as pessoas procuram essas seitas e se envolvem com suas falsas teorias.

Graças às mudanças do Concílio Vaticano II, levando à difusão da Palavra de Deus e também à Renovação Carismática Católica, houve maior entendimento dos textos bíblicos, de modo que, com conhecimento dos dons carismáticos, muito do que se atribuía a "dons dos espíritos" foi entendido como, na verdade, um carisma, ou seja, um dom do Espírito Santo.

O espiritismo é a negação total da misericórdia divina, pois o espírito reencarnado, ao passar o seu carma, vai se purificando por seu próprio mérito, até chegar à plenitude divina. Não tenho absolutamente nada contra as pessoas que praticam o espiritismo, discordo apenas dos conceitos filosóficos dessa seita. Sempre que posso, gosto de deixar patente a minha posição a esse respeito, pois, para nós cristãos, essa filosofia é totalmente inaplicável, pois invalida o sofrimento de Jesus na cruz. Não precisamos voltar a viver novamente para pagar nossos erros, pois sabemos que Jesus veio para sofrer por nós e também que o nosso Deus é misericordioso e não nos quer ver sofrendo, como diz o profeta Isaías:

"Em verdade, ele tomou sobre si nossas enfermidades e carregou os nossos sofrimentos" (Isaías, 53,4).

Fico muito triste quando vejo católicos aceitando o espiritismo, por total ignorância do assunto, e também pela fragilidade do nosso catolicismo que se deixa contaminar facilmente com filosofias totalmente incompatíveis com a nossa fé cristã, como o reiki, astrologia, tarô etc. Como disse anteriormente, Deus abomina aqueles que invocam os espíritos. Além disso, somente os espíritos maus é que respondem a esses chamados. Infelizmente muitos católicos ainda continuam frequentando sessões espíritas, terreiros de candomblé e de umbanda, por ignorância total das leis de Deus escritas no livro do *Deuteronômio* (18,9-12).

As ideias de vidas passadas são absolutamente desbancadas quando passamos a entender os arquétipos de Jung, o inconsciente coletivo e a memória genética do inconsciente.

Frei Jorge da Paz, um franciscano de Santo Amaro, foi a pessoa que conseguiu em poucos minutos explicar-me, de uma forma clara e consistente, como o nosso inconsciente pode fazer aflorar ao consciente informações gravadas pelos nossos antepassados, podendo gerar sensações estranhas e inexplicáveis, que os espíritas erroneamente atribuem a vidas passadas. Tudo se passa em nosso inconsciente. Grande conhecedor de psicologia e também das seitas afro-brasileiras, Frei Jorge conseguiu desmistificar toda essa história de vidas passadas, reencarnação e espiritismo. Indicou-me também a leitura de duas obras que faço questão de recomendar a você, querido leitor e leitora, que ainda tem alguma dúvida sobre esse assunto. São dois livros da Dra. Renate Jost de Moraes, *Chaves do inconsciente* e *Inconsciente sem fronteiras*. Tenho certeza de que muitos espíritas e aqueles que acreditam na reencarnação irão abandonar suas seitas e convicções após lerem estes livros. Façam a prova.

Após estas considerações vamos ao *e-mail* que recebi do Benedito:

Olá... tudo bem?
Paz e Bem

Antes de agradecer, gostaria de contar-lhe um pouco da minha vida. Tenho 37 anos, nasci e cresci dentro da religião católica, fui coroinha, fizemos nascer pela região a PLC e a Renovação Carismática, fui coordenador, servo e ministro de música, cheguei quase a entrar no seminário franciscano. Era catequista de crisma e perseverança. Apaixonei-me por uma moça, casei-me com ela e temos 2 filhos. Trabalhava em uma das melhores empresas brasileiras e fazia faculdade. Tudo ia às mil maravilhas quando perdi o emprego, tive de deixar a faculdade e quase me separei. Abandonei totalmente a minha caminhada na igreja, separei-me de Deus.

A partir de determinada época comecei a sentir-me doente, procurando médico, que diagnosticou "labirintite". O tempo passou, continuava doente e, embora longe da igreja, assistia aos programas de televisões católicas.

Um dia resolvi frequentar um grupo de oração, pois soube que esse grupo tinha um ministério de cura muito importante.

Fui ao grupo e me curei totalmente da labirintite. Isso foi há 8 anos.

Depois disso, venho num processo lento de conversão, mas mesmo assim Deus quis provar ainda mais seu amor para mim, pois fui contratado de uma maneira milagrosa (não sei como o meu curriculum *chegou até eles) por uma empresa de Belo Horizonte, para trabalhar na cidade onde resido.*

Há 5 anos sofro de osteoporose (já em estado avançado), o que me leva à depressão. Na semana passada estava angustiado, à procura de alguma coisa para ler, sem saber o que, quando um amigo de serviço e da família apareceu com um livro na mão e me disse: "A minha esposa mandou emprestar este livro para você. Ela me disse que você iria gostar muito dele".

Foi o seu livro, doutor, Milagres que a medicina não contou, *que esse meu amigo me trouxe. Após a leitura senti-me renascer nova-*

mente. Já estava quase indo para o espiritismo à procura de algum tipo de cura para a minha depressão, mas o seu livro me trouxe de volta e me mostrou o caminho, o remédio para depressão.
Que Deus o ilumine mais e mais para ser seu ministro de cura.

Benedito,
São José dos Campos

É impressionante como é fácil trilhar os caminhos errados. O mundo é muito atraente, com as suas permissibilidades, e também é incrível como qualquer percalço é motivo de ruptura com as leis de Deus.

Um amigo meu, católico de verdade, começou a faltar às missas dominicais a que íamos juntos. Achei estranho, pois ele adorava ir à missa. Era tão "carola" que chegou a propor a Gisela que fôssemos à missa no sábado e no domingo, para comparar a homilia dos padres. Isso não chegou a acontecer, pois não concordei com tal ideia, pois sempre acho que atrás de exageros sempre existe alguma coisa escondida.

Continuamos nessa amizade fraterna por algum tempo, sempre esperando com muita ansiedade a chegada do sábado, para irmos juntos à missa. Isso tudo durou mais de um ano, até que, num determinado tempo, o casal de amigos começou a faltar às missas e acabou não nos acompanhando mais. Não entendemos esse rompimento, pois junto com tudo vieram desculpas não muito convincentes, e então deixamos de procurá-los.

Um determinado dia, encontrei o meu amigo W. em um shopping center, não aguentei e fui logo dizendo:

– W., você sempre me disse que eu sou um irmão para você, sempre me agradeceu por tê-lo levado para a igreja, acho que tenho todo o direito de saber o que está acontecendo. O que fiz de mau para você? Qual a sua bronca comigo?

    Ele ficou pálido, deu uma tragada forte no cigarro e me disse, com lágrimas nos olhos:

– Roque, estou muito doente, acho que vou morrer. Tenho uma doença muito grave. Não sei direito o que é, já estou com passagem marcada para os Estados Unidos para procurar um médico especialista de lá. Estou lhe contando isto, mas gostaria que ficasse entre nós, por favor, não conte nem para a Gisela, está bem? Estou de mal com Deus, pois foi só eu voltar para a igreja me aparece essa doença! Não está certo!!! E você quer que eu vá à missa? Vamos deixar tudo como está, vou ficar bem.

    Não soube o que dizer. Fiquei quieto, apenas o ouvindo e pedindo a Deus que me iluminasse para falar apenas aquilo que fosse edificar a nossa amizade.

    Fui embora triste, pois percebi que W. não entendeu o "porquê" da sua volta à igreja, não conseguiu compreender que Deus o chamou novamente para que suportasse o que viria pela frente. Nesse dia vi que W. tinha uma enorme caminhada ainda a ser cumprida, embora se declarasse adepto e praticante de um cristianismo renovado.

    Não sei, quando estas páginas estiverem sido publicadas, o que terá acontecido com o meu amigo. Qual será o final dessa história? Nem imagino qual seja, mas tenho a certeza de que Deus não nos colocou no seu caminho em vão. Estamos absolutamente convictos de que algo bom deverá acontecer com ele.

    Rezo diariamente para que W. se cure, não só da sua doença física mas principalmente da sua enfermidade interior. Peço a Deus que o ilumine e que o faça realmente encontrar o caminho da salvação.

Essas duas histórias mostram como é fácil se afastar dos caminhos de Deus e como é difícil aceitar Seu plano para nós. A nossa cura vem sempre da Palavra de Deus e hoje, enquanto me lembrava do caso do meu amigo W., ouvi:

> *"Meu filho, se entrares para o serviço de Deus, permanece firme na justiça e no temor, e prepara a tua alma para a provação. Sofre as demoras de Deus; dedica-te a Deus, espera com paciência, a fim de que no derradeiro momento tua vida se enriqueça"* (Eclesiástico, 2,1-3).

Drogas, depressão, homossexualismo – a tríade do inferno

22 de novembro de 2002

Sou escravo do homossexualismo há vários anos. A minha vida se reduziu ao máximo com a prática homossexual. Já tentei me livrar desse problema há muito tempo, mas forças me faltam, quando menos espero vejo-me submerso na lama de novo. É como uma pessoa drogada que diz sempre: "Essa é a última vez que uso cocaína". É só passar o efeito, vem a vontade novamente de usar. Nunca a pessoa se livra disso e acaba entrando em desespero.

Essa vontade nunca para em mim. Já me confessei com tantos padres e comunguei tanto, mas nunca deixei essas práticas de lado. Eu me lembro que pedia a Deus pra me levar dessa vida todas as vezes que eu me confessava e comungava, pois não queria cometer mais esses erros. Sabia que se continuasse vivo, mais cedo ou mais tarde iria cair em tentação e fracassaria de novo, recomeçando o ciclo até entrar em depressão novamente.

Ainda hoje estou aqui nessa Terra, sofrendo, angustiando-me e desrespeitando meus pais, mesmo que apenas minha mãe saiba desse detalhe.

Não bebo nem fumo, mas semana passada bebi o suficiente pra derrubar um elefante e até fumei maconha. Fiquei irreconhecível. Entrei em depressão bem rapidinho. Estou caindo, caindo e caindo. Acho que não toquei o fundo do poço ainda. Será que vou aguentar? Dr. Roque, esse e-mail foi feito em dias distantes. Comecei a escrever dia 22 passado próximo e ainda hoje, dia 25, continuo a escrever. O que posso lhe dizer é que o homossexual, no geral, tende a não ter compromisso com ninguém. Chegam a falar que ninguém é de ninguém. Esse fim de semana passei todo dentro de casa. Não sei se influi em algo, mas eu sou gordo além da conta. Tenho 1,67m de altura e possuo 98 kg. Faço cooper todos os dias que posso numa avenida bem frequentada por pessoas nas mesmas condições que eu ou que curtem o esporte.

Se meu pai sabe que sou homossexual, até morre! Não quero causar-lhe esse tão grande desgosto. Não sou uma pessoa má.

Apenas tenho essa doença em mim. Não pedi pra nascer assim. Será essa a minha cruz? Será isso uma cruz? Será que vou ser salvo? Dr. Roque, não sou afeminado, não tenho voz fina de mulher. Na verdade, ninguém diz que tenho essas práticas, a não ser as pessoas que me conhecem. Sempre achei mais cômodo viver me aceitando como homossexual.

Bem, aqui me despeço cheio de confiança em Deus que obterei sua resposta e que ela me ajudará bastante.

Muito obrigado desde já e que Deus o recompense em triplo!

Atenciosamente,
Monteiro

Após alguns dias recebi novo *e-mail* do Monteiro:

11 de dezembro de 2002

Obrigado pelo seu empenho em me ajudar, Dr. Roque. Tenho tido os meus deslizes, mas tenho fé em Deus que hei de me reerguer

pela intercessão da Bem-aventurada Virgem Mãe de Deus, Nossa Senhora, minha mãezinha e protetora.
Creio firmemente na Santíssima Trindade.
Que Deus compute esse sofrimento como que desconto das minhas penas no purgatório. Ultimamente, gostaria que soubesse disso, tenho oferecido minhas angústias e decepções pelas almas do purgatório, para aliviar seus sofrimentos. É tão mais belo amar as almas do purgatório e se oferecer por elas do que amar pessoas enquanto vivas.

Monteiro

Embora tenha sido muito forte o título dessa história do Monteiro, acredito que homossexualismo, depressão e drogas realmente sejam a tríade do inferno. Não quero aqui julgar os homossexuais, mas acho a prática do homossexualismo situação antinatural, e também contrária às leis do Senhor. A única coisa que podemos fazer por eles é pedir ao Senhor que os ilumine para que possam encontrar o caminho da verdade e da luz: Jesus Cristo. Para concluir esta triste história acho importante nos lembrarmos da Carta de São Paulo aos Romanos, onde o apóstolo, inspirado pelo Senhor, escreveu:

> *"E, semelhantemente, também os varões, deixando o uso natural da mulher, se inflamaram em sua sensualidade uns para com os outros, varão com varão, cometendo torpeza e recebendo em si mesmos a recompensa que convinha a seu erro"* (Romanos, 1, 27).

Do pânico à depressão

Prezado Dr. Roque,

Hoje, 29 de janeiro de 2003, tive a felicidade de assistir a uma parte do programa Tribuna Independente *apresentado pelo Sr. Antonio Carlos Ferreira.*

Tenho 40 anos e moro em Rio Claro-SP, e assistindo ao programa, percebi que foi Deus quem fez com que eu ligasse a televisão naquele momento. Gostei muito do que o senhor falou. O senhor disse que encontrou Deus e eu também quero encontrá-lo.

Eu acredito em Deus, sou católico, mas minha fé é pequena e fraca.

Sofro há vários anos de depressão, ansiedade, fobia social e síndrome do pânico. Faço tratamento com psiquiatra há aproximadamente 5 anos e, desde agosto de 2002, venho fazendo psicoterapia cognitivo-comportamental com um psicólogo especializado nessa área. Devido a esta doença ou problema emocional, não consigo trabalhar, pois a ansiedade e a depressão me levam ao pânico e não consigo executar nenhuma tarefa.

O senhor citou no programa o triângulo da depressão, que tem a ansiedade, a melancolia e o sentimento de culpa. Não consigo esquecer o passado, principalmente quando fui despedido de uma empresa multinacional em que trabalhava, devido à doença.

Já faz 5 anos que isto aconteceu e eu ainda sinto raiva, rancor das pessoas que me demitiram, mesmo sabendo que eu estava doente. Eu quero esquecer todo esse passado e começar uma vida nova, sem precisar de remédios, terapeutas, psiquiatras.

Quero encontrar Deus, como o senhor disse que encontrou.

Por isso estou lhe escrevendo, por favor me oriente no que posso fazer para me libertar e ser uma nova pessoa.

Desde já meus agradecimentos.

Hélio

Respondi-lhe o *e-mail* da seguinte forma:

Prezado Hélio:

O tratamento médico sempre é necessário para a cura da depressão, mas sempre deve estar aliado à cura espiritual. Recomen-

do a leitura de alguns títulos que, tenho certeza, lhe farão bem:
1. Cura interior – *Padre Léo, scj – Editora Loyola.*
2. Milagres que a medicina não contou – *Dr. Roque Marcos Savioli – Editora Gaia.*

No meu livro escrevi um capítulo: "Depressão: ausência de Deus", que você deveria ler.

Além disso, procure em sua paróquia um grupo de oração e o frequente com regularidade.

Faça essa experiência com Deus e escreva-me depois.

A Paz do Senhor e o Amor de Maria,

Roque

Algum tempo depois, ao abrir a minha caixa postal de *e-mails*, vejo o seguinte:

Prezado Dr. Roque,

Que a paz do Senhor esteja convosco! Resolvi escrever para o senhor e dizer que seu livro é maravilhoso, pois mostra que Deus está sempre ao nosso lado. Através da fé em Deus, o senhor mostra que para Deus nada é impossível, basta que o aceitemos como nosso Pai e Salvador.

Deus nunca se afasta de nós, somos nós que nos afastamos Dele, e eu me afastei, mas Deus, com sua imensa bondade, sempre está de braços abertos a nos perdoar.

Li o livro do senhor, Milagres que a medicina não contou, *e* Cura Interior, *do Padre Léo, conforme o senhor me orientou. Já li estes livros duas vezes de tanto que gostei. E hoje já posso dizer ao senhor que já sou outra pessoa. Eu aceitei Jesus como meu salvador e sei que estou sendo curado dos meus problemas, principalmente da ansiedade, depressão, pânico. Sempre lembro do triângulo da depressão e me sinto muito bem, pois é maravilhoso o que São Paulo escreveu na Carta aos Filipenses, com relação à culpa, melancolia e ansiedade.*

Voltei a frequentar novamente as missas (vou sábado à tarde à Matriz de Nossa Senhora Aparecida). Essa paróquia não é do meu bairro, mas como sou devoto de Maria, nossa Mãe, resolvi frequentar essa paróquia em companhia de minha esposa, que sempre me apoiou.

Devido a essa doença, perdi dois ótimos empregos. Sou formado em economia, tenho pós-graduação em controladoria e finanças pela USP e tenho certeza de que em breve voltarei às minhas atividades normais, pois Deus está em meu coração, eu aceitei que Jesus penetrasse em meu coração de pedra.

Bem Dr. Roque, como já mencionei anteriormente, foi Deus que fez com que eu ligasse a TV naquele dia em que eu estava deprimido, sem vontade de viver, achando que a vida não valia nada. No momento em que comecei a mudar os canais e sintonizei a Rede Vida, naquele instante eu não conseguia mais mudar de canal. Só conseguia ouvir seu testemunho dado ao Antonio Carlos Ferreira, e depois, quando ouvi o testemunho do Frei Jorge da Paz, tive a certeza absoluta de que Deus quis que eu ouvisse tudo aquilo, para ver que nada estava perdido, que se aceitasse Jesus, também encontraria a paz. Hoje graças a Deus sou um novo homem. Comprei uma Bíblia e estou estudando as citações mencionadas nos livros. Encomendei na livraria a Novena *pedindo a cura da depressão, do padre Antônio Maria.*

Dr. Roque, conhecer o senhor foi uma dádiva de Deus, pois nunca tinha visto um médico com tanta fé. Infelizmente, pela distância, só posso me comunicar com o senhor através de e-mail, *mas um dia, se Deus permitir, gostaria de encontrá-lo e dar um forte abraço no senhor.*

> *Dr. Roque, o senhor me ajudou muito, que Deus o recompense por isso.*
> *Um forte abraço, se me permite chamá-lo de amigo.*
>
> *Hélio*

Tenho certeza de que as correspondências acima por si sós explicam e demonstram como a graça de Deus age sobre nós em qualquer tempo e lugar.

Sempre agradeço a Deus por poder ser um veículo da sua graça, mas sempre peço ao Espírito Santo que me ilumine e cuide dos meus atos para que "esse veículo" não saia da rota divina.

Quando comecei a escrever o final desta história, lembrei-me do Guilherme, um dos benfeitores das obras do padre Antonio Maria que, ao receber alta médica, após sua cirurgia cardíaca no Incor, disse-me:

– Doutor Roque, vou lhe dar um livro de presente, que vem acompanhado de uma caixa de lenços.

Acho que vou copiar a ideia do Guilherme e falar com meu querido editor para que junto com este meu novo livro inclua também uns lencinhos, pois realmente esta história do Hélio não dá nem para comentar. Só dá para refletir e louvar a ação de Deus sobre aqueles que O procuram. Depois é só chorar, chorar, chorar, lágrimas de emoção, de alegria e de amor.

Obrigado, Senhor, por poder ser seu instrumento.

Amém.

O caso do Zé Dentista

José Luiz é meu dentista há vários anos e, além de ser um profissional de primeiríssima qualidade, tem uma característica: é um homem de Deus. Digo isso, amigo leitor, conhecendo seus atos de caridade para os necessitados e também pelo seu desapego a coisas materiais. Cansei de saber que o Zé Dentista, como ele gosta que o chamem, recolhe os moradores de rua do centro de Cotia, para tratar dos seus dentes. Passa madrugadas a fio cuidando dessas pessoas, sem segundas intenções ou interesses políticos. Só tem um único objetivo: cuidar dos necessitados.

É muito difícil, nos dias de hoje, até acreditarmos que exista pessoa assim, mas está lá o meu amigo Zé Dentista sempre disposto a dizer o seu "sim" para o próximo.

Sempre que atende no seu consultório é extremamente cordial, educado e atencioso, mas é muito brincalhão e gozador, principalmente quando "aluga" o seu amigo de profissão, Celso, que invariavelmente o acompanha quando estou por aquelas bandas.

Um dia, no meio de uma brincadeira, Zé me disse:

— Marcos (ele me chama pelo meu segundo nome, assim como todos da minha família e conhecidos de Cotia, visto que meu pai chamava-se Roque), tenho síndrome do pânico.

– Você está me gozando, Zé, respondi-lhe. Você é o maior cabeça fresca que conheço, como pode ter síndrome do pânico?

– Tenho, sim, Marcos, mas agora estou há muito tempo sem ataques, pois tenho certeza de que Deus me curou. Passei por fases muito negras na minha vida, sofri muito, mas por mais louco que você me ache, vou lhe dizer uma coisa: foi muito bom ter essa síndrome do pânico, pois com ela aprendi o que é viver, ou seja, consegui entender o valor da vida.

– Zé, realmente você me surpreende, pois há poucos minutos estávamos numa gozação imensa em cima do Celso e agora você fala com uma maturidade de dar inveja em qualquer cristão. Mas conte-me, quando começou a sua história?

– Tudo começou há mais ou menos dez anos, quando após um dia de intenso trabalho (15 horas trabalhando a fio) cheguei em casa, jantei e logo em seguida comecei a me sentir estranho, com certa dificuldade para respirar, que foi crescendo até chegar num limite máximo.

Era a sensação de que estava morrendo. Fiquei desesperado pois naquele momento não sabia o que fazer, pois tinha medo de sair de casa e não dar tempo de chegar até o pronto-socorro.

Permaneci por quase duas horas vendo a morte chegar, e a única coisa que pensei foi realmente em comunicar-me com Deus, pois tinha certeza de que estava morrendo.

Nesse momento de desespero máximo, disse-Lhe: Senhor, estou pronto para seguir o Seu plano para mim, estou com a consciência tranquila quanto à minha existência e os meus objetivos aqui propostos e realizados. Se é chegada a minha hora, Senhor, estou aqui, a Seu dispor.

E Zé continuou a me narrar sua história:

– Mas Deus não quis que aquele fosse o meu último dia, pois a crise foi passando, a iminência de morte foi embora, mas junto com ela veio uma série enorme de sintomas que faço questão de descrever para os seus leitores.

Sentia ausência total de sono, tristeza profunda e sem motivo, dores no peito acompanhadas de taquicardia, sensação de sufocamento, sudorese intensa, ondas de choque na cabeça e couro cabeludo dolorido, irritabilidade à flor da pele, zumbido nos ouvidos, ansiedade sem motivo, dores no corpo e desânimo, despertar sem qualidade, acordava sempre assustado, calafrios, dores no estômago, vômitos, diarreia, medo de altura, mãos trêmulas, insegurança para dirigir automóvel, desespero momentâneo. Esses sintomas invariavelmente vinham em grupos, que se alternavam durante as minhas crises.

Os sintomas do pânico continuaram por vários dias, impossibilitando-me de trabalhar, pois tinha medo de sair de casa.

Como não conseguia fazer absolutamente nada, a não ser ficar em casa, comecei a analisar individualmente os meus sintomas, para que pudesse ter uma ideia do tempo que durariam e quando voltariam. Com isso consegui administrar um pouco a minha vida, pois sabendo, por exemplo, que a sensação de morte ficaria por duas horas, tentava me controlar ao máximo nesse tempo, pois sabia que a crise não seria maior do que esse período.

Você pode imaginar, meu amigo Marcos, nessa época não conseguia realizar as minhas funções profissionais. Ao tentar atender um paciente fui obrigado a deixá-lo na cadeira de dentista e pedir para o Celso atendê-lo, visto que a crise começou abruptamente, sendo impossível dominá-la ou ser disfarçada.

Vendo que a situação já comprometia meu lado profissional, e como na época morava sozinho, achei por bem passar uma temporada na casa da minha mãe, no interior de São Paulo, onde imaginei encontrar um pouco de paz e tranquilidade, visto que estaria com a minha família.

Grande engano, pois foram 40 dias de intenso sofrimento e desespero, coisa que não tinha sofrido nos meus 37 anos de vida.

Às vezes tinha vontade de sair correndo pedindo socorro pelas ruas em busca de ajuda, e ao mesmo tempo procurava me acalmar e aguardava que aquele sintoma momentâneo passasse.

Nesse período procurei todo o tipo de ajuda e em qualquer lugar. Fui a pronto-socorro, cardiologista, acupuntura, religiosos, espiritismo, mãe de santo, mas nada resolvia. Vi e ouvi os maiores absurdos, percebi a boa vontade das pessoas em me ajudar, mas nada dava certo. Nunca, no entanto, perdi a esperança de me curar, pois sabia que Deus não iria me dar cruz mais pesada que pudesse carregar e muito menos pensei que a bondade divina iria me desamparar.

Foi o período da minha vida de grande reflexão sobre toda a minha existência, minhas buscas, meus valores, meus ideais. Passei esses 40 dias, antes de procurar ajuda psiquiátrica, por um tempo de autoavaliação e conscientização sobre aquilo que para mim era o término da minha existência.

Sabia que naquele momento estava morrendo um homem velho e nascendo um homem novo, mas, logo nos primeiros sintomas, todo o positivismo era substituído pela horrível sensação de estar vivendo o último dia da minha existência.

Passei por maus momentos, sofrendo um verdadeiro martírio, melhorava uns dias para depois voltar a sofrer tudo novamente.

Foram 40 dias de intenso sofrimento.

– Mas Zé, interrompi propositalmente a sua narrativa, ao perceber seus olhos marejarem. Como era a sua formação espiritual durante a sua adolescência, fase de universitário? Você era católico?

– Marcos, minha infância deve ter sido como a sua, isto é, crescemos livres, brincando nas ruas, vivemos uma infância saudável, pois pouca gente tinha televisão. A diversão era caçar passarinhos, pescar, jogar futebol no campinho, além dos deveres da escola primária, cujas professoras eram muito rígidas e muito exigentes.

– É, Zé, sinto saudades do meu tempo do Grupo Escolar Batista Cepelos e do Ginásio Estadual Zacarias Antonio da Silva de Cotia. Da minha primeira professora, dona Bernadete, a dona Marilda, dona Teresinha, dona Lilian. Que dedicação e vocação que tinham para o ensino, eram verdadeiros mestres.

– Sabe, Marcos, continuou Zé Dentista, embora viesse de uma família simples e pobre, sempre tive na minha ideia ter uma profissão, um ideal de vida. Com muito sacrifício meus pais conseguiram que me tornasse dentista e meu irmão Nilson, médico.

Na nossa formação, mamãe não permitia que nos afastássemos da igreja, praticamente nos obrigando a ir às missas, comungar, confessar. Isso tudo deixou sementes na minha memória, de modo que, depois, mesmo afastado da Igreja, sempre pedi a Deus em minhas orações diárias que me ajudasse a ser uma pessoa correta, honesta e seguidora dos princípios cristãos.

Durante a minha vida universitária, continuou Zé Dentista, afastei-me totalmente da religião, pois meus objetivos de vida estavam focados apenas para as minhas realizações materiais. Embora não praticasse o catolicismo, tinha sempre Deus em minhas orações e em meus momentos de reflexão, pois contava com a Sua ajuda para conseguir ser "alguém na vida". Comprometi-me com Ele que exerceria minha profissão com um único objetivo: servir o próximo.

Após a minha formação profissional, e estando habilitado a tratar dos doentes, sempre senti a necessidade de me dedicar muito aos meus pacientes, mantendo sempre vivo o compromisso assumido com Deus, realizando trabalho voluntário junto às populações de menor renda. Faço isso há 23 anos.

Passados os 40 dias que estive na casa da minha mãe, no interior, e conseguindo já administrar alguns sintomas, resolvi procurar ajuda em um psiquiatra recomendado. Antes de chegar ao consultório resolvi escrever algumas perguntas, para não deixar passar nada na entrevista.

Após contar-lhe todos os meus sintomas, perguntei-lhe:

– Doutor, não sou usuário de nenhum tipo de droga, aliás, nunca tive contato com isso em toda a minha vida, não sou homossexual, não bebo, não tenho distúrbios de comportamento, tenho uma vida normal, intensa atividade profissional, uma família maravilhosa e sem antecedentes psiquiátricos e não tenho manias. Por que estou sentindo tudo o que lhe falei?

Sua resposta foi lacônica:

– Nada a responder.

– Doutor, estou tendo uma sensação de confusão mental, acho que vou ficar louco. O que é isso?

– Não sei, disse o médico sem olhar para a minha cara.

– Doutor, tenho uma tremedeira nas mãos, posso ter o mal de Parkinson?

A resposta do médico foi:
– Não sei!
– Doutor, posso ter algum problema de saúde?
Com um olhar altivo e sádico, disse-me:
– Sim, você pode começar a ter problemas do coração e de pressão.
– Doutor, vou melhorar?
Novamente com aquele ar sádico e de desprezo, respondeu-me:
– Não, você só vai piorar.

Terminou a consulta fazendo uma prescrição com letra tão ilegível, que fiquei preocupado com a chance de o balconista da farmácia não decifrar o nome do remédio.

Com lágrimas nos olhos saí daquele consultório médico arrasado e muito pior do que entrei. Jamais imaginei existir um profissional de saúde com tanta frieza e sarcasmo, mas mesmo assim fiquei com pena dele, pois tinha certeza de que como ser humano ele estava precisando mais de mim do que eu dele.

No dia seguinte procurei outro profissional e lhe fiz as mesmas perguntas que fizera ao primeiro psiquiatra. Graças a Deus fui atendido por médico de muita experiência e muita sensibilidade humana.

Esclareceu-me o que estava passando comigo, falando-me sobre a síndrome do pânico. A sua experiência profissional e o seu carinho deram-me a segurança de que tanto estava precisando. A escolha do remédio foi correta e em menos de uma semana os sintomas começaram a desaparecer.

A sensação de morte não se repetiu, desapareceu a "sufocação", a irritabilidade não incomodava mais, o sono voltou a ser normal e o sorriso nos lábios apareceu novamente.

Voltei a trabalhar, pois tinha certeza de que meu processo de cura seria melhor se estivesse no pleno exercício das minhas funções profissionais.

Somente voltei à consulta com o psiquiatra após 5 meses de tratamento. Nessa ocasião, o médico assegurou-me que fui o único portador de pânico que conheceu em toda a sua vida profissional que tinha conseguido superar sozinho toda a sintomatologia, sem sequer o incomodar. Recebi alta do doutor que, com um sorriso nos lábios, disse-me:

– José Luiz, você pode ir para casa, você está curado. Parabéns!

Saí daquela sala confiante em Deus e em mim, que a crise nunca mais voltaria. Continuei tomando a medicação prescrita pelo doutor, ainda continuo com alguns sintomas, mas consigo controlá-los de modo que nunca mais tive ataques de pânico.

Resolvi todos os meus valores, procuro viver cada dia da minha vida como se fosse o último, ou seja, como se hoje Jesus estivesse voltando para meu acerto de contas final. Tento viver com alegria, total desapego à matéria e com a grande certeza de como é bom estar vivo e poder servir ao próximo.

Consegui me curar porque tinha certeza de que existe um Deus que olha por nós e que jamais me daria fardo maior do que pudesse carregar. Sendo assim, tudo dependia exclusivamente de mim, ou seja, sabia que deveria lutar contra essa doença.

Todos os dias falo sobre a síndrome do pânico para amigos, pacientes ou pessoas que me procuram. A cada dia que passa vou me curando mais, e acho que de tanto falar e repetir os sintomas dessa doença, meu inconsciente já assumiu a minha cura definitiva.

Acho que uma das piores coisas que acontecem para o portador do pânico é a humilhação que às vezes ele passa quando chega a um pronto-socorro ou mesmo a um cardiologista, pois quase somos rotulados de "psíquicos", doidos, emocionalmente complicados ou até de usuários de drogas.

Muitos começam a perder a confiança nos médicos, duvidando até mesmo da sua capacidade profissional. Como ninguém é capaz de achar a causa de tantos sintomas, vêm à mente dois pensamentos: condenação à morte ou incompetência médica. Veja a que ponto chega o raciocínio dos pacientes nessa condição de baixa da autoestima.

Interrompi sua narrativa, dizendo-lhe:

– Zé, se já o considerava pelas suas obras, depois deste testemunho, começo a admirá-lo como exemplo de vida cristã. Que bom poder desfrutar da sua amizade. E com a voz embargada, continuei:

– Você gostaria de falar mais alguma coisa sobre o que você sentia? Isso será muito bom para aqueles leitores que estiverem passando por isso.

– Sabe, Marcos, acho bom descrever os sintomas exatamente como os sentia, assim, vamos a eles:

- Sufocamento – sensação de que o ar não chega aos pulmões.
- Medo de altura – sensação de que você vai pular, vai se jogar, mesmo sem vontade, daí o horror das alturas.
- Tristeza profunda – durante momentos, começa a voltar ao início da sua existência, você vê suas perdas, suas derrotas, a vontade de mudar muitas coisas, mas nada deu certo. É exatamente como aquela história das pegadas na areia, em que perguntamos a Jesus por que nos abandonou, pois víamos somente nossas marcas no chão. Jesus responde:

"Nunca o abandonei, filho, essas pegadas são minhas, pois o estou carregando no colo".

Essa história reflete exatamente o que sentia, pois achava-me sozinho andando pelas areias da vida; felizmente logo percebi que Jesus me carregava.

- Taquicardia e dor no peito – parece que vai acontecer um infarto ou ataque cardíaco, daí a procura imediata do cardiologista.

Na maioria das vezes os sintomas desaparecem antes de chegar ao consultório ou ao pronto-socorro, deixando a pessoa cada vez mais envergonhada de sentir-se mal.

- Desespero momentâneo – é tão terrível quanto o quadro da sensação de morte. Surge um desespero muito grande por ter uma qualidade de vida tão ruim, as expectativas de viver dessa forma deixam as pessoas aturdidas e confusas. Quase sempre vem a depressão e todos os seus comemorativos.
- Despertar sem qualidade – o pouco de sono que tinha não satisfazia, pois acordava desesperado. Às vezes sonhava e acordava em pânico.
- Sudorese excessiva – sentia calor intenso por todo o corpo até a sola do pé. Fiquei três meses sem colocar calça comprida e camisa.
- Ondas de choque na cabeça e couro cabeludo – tinha a sensação de que pela minha testa passavam correntes elétricas que deixavam o meu couro cabeludo dolorido.
- Irritabilidade à flor da pele – como a minha autoestima estava muito baixa, quase zero, qualquer coisa que acontecia era ofensa para mim. Quase sempre entrava em discussões vãs e sem nenhum motivo.

- Ansiedade – a ansiedade maior era ao entardecer, quando a expectativa de mais uma noite sem dormir e medo de nova crise gerava níveis de agitação muito grandes.

– Zé, disse-lhe, em resumo, após esses 10 anos com a síndrome do pânico e, graças a Deus, livre de crises, como classifica essa experiência?

– Marcos, apesar de ter sofrido tanto, essa experiência foi muito boa para mim, pois consegui ser íntegro comigo e com Deus.

Você se lembra de que lhe contei durante a minha primeira crise, vendo que estava prestes a morrer, que me comuniquei com Deus, dizendo-lhe que estava pronto? Estava mesmo, pois tinha a plena consciência de ter cumprido tudo o que Ele queria de mim. Acho que esse momento foi o início da minha cura pois ali tive a certeza de que Deus estava comigo e que tudo dependia apenas de mim.

A doença desencadeou um crescimento interior muito grande, pois ao imaginar que poderia estar vivendo o meu último dia de vida e por acreditar na existência de uma vida junto com Deus, comecei a fazer uma reflexão do meu dia, todas as noites antes de dormir.

Por meio dessa análise de consciência, posso saber se estou honrando meu compromisso com o Pai, isto é, ver no próximo a imagem e a semelhança de Deus.

A história do José Luiz é digna de muita reflexão e serve de exemplo para todos nós, tementes ao Senhor. Nela vemos que às vezes não vale a pena discutirmos os "porquês" de situações desagradáveis que passam pelas nossas vidas, mas sim entendermos "para que" Deus as permitiu. O pânico, para o José Luiz, embora terrível causador de intenso sofrimento, foi na verdade um instrumento de Deus para a sua cura interior.

A irreal iminência de morte leva o paciente a reposicionar toda a sua vida, seus valores, suas vitórias, suas perdas, ou seja, é um repasse final da existência, como se fosse uma preparação terrena para o julgamento final. Veja bem, meu caríssimo leitor, tenho certeza de que poucos podem fazer esse tipo de acerto consigo e com Deus, antes de morrerem. Não seria a síndrome do pânico uma boa oportunidade para tal? Assim como o povo de Deus fugiu do Egito e peregrinou no deserto em busca da Terra Prometida, José Luiz também sofreu as amarguras do seu deserto interior por 40 dias, quando teve de se retirar do trabalho e voltar para a casa da sua mãe, à procura da paz.

Exatamente como o povo eleito na sua caminhada pelo deserto, José também, no auge do desespero, procurou falsos deuses, adorou o seu bezerro de ouro, mas, assim como os israelitas, obteve a benevolência do Senhor, encontrando a "sua terra prometida interior".

Referências Bibliográficas

ASTIN, J.A.; HARKNESS, E.BSc; EDEZARD, E. The efficacy of distant healing: a sistematic review of randomized trials. *Ann. Inter. Med.*, nº 132(11), p. 903-910, 2000.

ASTROW, A.B.; PUCHALSKI, C.M.; SULMASY, D.P. Religion, spirituality and health care: social, ethical, and practical considerations. *Am. J. Med.*, nº 110, p. 283-287, 2001.

AVILLES, J.M.; WHELAN, E.; HERNKE, D.; WILLIAMS, B.A.; KENNY, K.E.; O'FALLON, M.; KOPECKI, S.L. Intercessory prayer and cardiovascular disease progression in a coronary care unit population: a randomized controlled trial. *Mayo Clinic. Proced.*, nº 76, p. 1196-1198, 2001.

BAREFOOT, J.C., HELMS, M.J., MARK, D.B., BLUMENTHAL, J.A., CALIFF, R.M.; HANEY, T.L.; O'CONNOR, C.M.; SIEGLER, I.C.; WILLIAMS, R.B. Depression and long-term mortality risk in patients with coronary artery disease. *Am. J. Cardiol*, nº 78, p. 613-617, 1996.

BERNIK, M. Relevância médico-social do transtorno de pânico – *Rev. Psiq. Clin.* 28 (1)2001 (Edição Internet).

BÍBLIA SAGRADA. 131. ed. São Paulo: Ave-Maria, 1999.

BYRD, R.C. Positive therapeutic effects of intercessory prayer in a coronary care unit population. *South. Med. Journal*, nº 81, p. 826-829, 1988.

CABRAL, S.B. Estudo prospectivo da ocorrência de quadros depressivos em pacientes submetidos a revascularização do miocárdio. *Rev. Psiq. Clin.*, nº 23, p. 1-3, 1996.

CULLIFOD, L. Spirituality and clinical care. *BMJ*, nº 325, p. 1434-1435, 2002.

DAALEMAN, T.P., NEASE, D.E. Patient attitudes regarding physician inquiry into spiritual and religious issues. *J. Fam. Pract.*, nº 39, p. 564-568, 1994.

DANKNER, R.; GOLDBERG, F.P.; FISCH, R.Z; CRUM, R.M. Cultural elements of post partum depression – A study of 327 Jewish Jerusalem women. *J. Reprod. Med.*, nº 45(2), p. 97-104, 2000.

DEL PORTO, J.A. Depressão – Conceito e Diagnóstico. *Rev. Bras. Psiquiatr.*, nº 21, p. 1-13, 1999.

DUSEK, J.A.; SHERWOOD, J.B.; FRIEDMAN, R. *et al*. Study of the therapeutic effects of intercessory prayer (STEP): study design and research methods. *Am. Heart J.* nº 143, p. 577-584, 2002.

EHMAN, J.W.; OTT, B.B.; SHORT, T.H. *et al*. Do patients want physicians to inquire about their spiritual or religious beliefs if they become gravely ill? *Arch. Intern. Med.*, nº 159, p. 1803-1806, 1999.

ELLIS, M.R.; VINSON, D.C.; EWIGMAN, B. Addressing spiritual concerns of patients family physicians' attitudes and practices. *J. Fam. Pract.*, nº 48, p. 105-109, 1999.

ELLISON, C.G. Race, religion involvement and depressive syntomatology in a southeastern U.S. community. *Soc. Sci. Med.*, nº 40, p. 1561-1572, 1995.

FERKETICK, A.K.; SCHWARTZBAUM, J.A.; FRID, D.J.; MOESCHBERGER, M.L. Depression as an antecedent to heart disease among women and men in the NHANES I study. *National Health and Nutrition Examination Survey. Archives of Internal Medicine*, nº 160(9), p. 1261-1268, 2000.

GALLAN, D.M.C. – A (re)humanização da medicina, *Psiquiatria na prática médica*, nº 33, 2000.

GARERI, P.; DE FAIO, P.; DE SARRO, G. Neuropharmacology of depression in aging and age-related diseases. *Ageing Research Reviews*, nº 1, p. 113-134, 2002.

GEORGE, L.K. Dignity and quality of life in old age. *Journal of Gerontological Social Work*, nº 29, p. 39--52, 1998.

GEORGE, L.K.; LARSON, D.B.; KOENIG, H.G.; & McCULLOUGH, M. Spirituality and health state of the evidence. *Journal of Social and Clinical Psychology*, nº 19, p. 102-116, 2000.

GLASMAN, A.H.; SHAPIERO, P.A. Depression and the course of coronary artery disease. *Am. J. Psychiatry*, nº 155, p. 4-11, 1998.

HARRIS, W.S. *et al*. A Randomized, controlled trial of the effects of remote, intercessory prayer on outcomes in patients admitted to the coronary care unit. *Arch. Int. Medicine*, nº 159, p. 2273-2278, 1999.

HASSED, C.S. Depression: despiritized or spirituality deprived? *Med. J. Aust.*, nº 173(10), p. 545-7, 2000.

HAYS, J.C.; KRISHNAN, K.R.R.; GEORGE, L.K.; & BLAZER, D.G. Age of first onset of bipolar disorder: demographic, family history, and psychosocial correlates. *Depression and Anxiety*, nº 7, p. 76-82, 1998.

HAYS, J.C.; LANDERMAN, L.R.; GEORGE, L.K.; FLINT, E.P.; KOENIG, H.G.; & BLAZER, D.G. Social Correlates of the Dimensions of Late Life Depression. *Journal of Gerontology: Psychological Sciences*, nº 53B, p. P31-P39, 1998.

HELEN, H.H.; HAYS, J.C.; FLINT, E.P.; KOENIG, H.G., BLAZER, D.G. Does private religious activity prolongs survival? A six-year follow-up study of 3,851 older adults. *J. Gerontol. A. Biol. Sci. Med. Sci.*, nº 55(7), p. M400-405, 2000.

JOSEPH, B. Fabry. *A busca do significado. Viktor Frankl – Logoterapia e vida*. São Paulo: ECE, 1984.

JUNG, C.G. *Psicologia da religião ocidental e oriental*. Petropólis, Rio de Janeiro: Vozes, 1980.

KOENIG, H.G. Religion, spirituality and medicine: application to clinical practice. *JAMA* nº 284, p. 1708, 2000.

IDLER, E.; KASL, E. Religion, spirituality, and medicine: a rebuttal to skeptics. *International Journal of Psychiatry in Medicine*, nº 29(2), p. 123-131, 1999.

KOENIG, H.G.; & GEORGE, L.K. Depression and disability outcomes in depressed medically ill hospitalized older adults. *American Journal of Geriatric Psychiatry*, nº 6, p. 230-247, 1998.

KOENIG, H.G., Religion, spirituality and medicine: how are they related and what does it mean. *Mayo Clinic Proc.*, december, vol. 76, 2001.

KOENIG, H.G.; GEORGE, L.K.; & PETERSON, B.L. Religiosity and remission from depression in medically ill older patients. *American Journal of Psychiatry*, nº 155, p. 536-542, 1998.

KOENIG, H.G.; GEORGE, L.K.; COHEN, H.C.; HAYS, J.C.;BLAZER, D.G.; & LARSON, D.B. The relationship between religious activities and cigarette smoking in older adults. *Journal of Gerontology: Medical Sciences*, nº 53A, p. M418-M423, 1998.

KOENIG, H.G., GEORGE, L.K., COHEN, H.J., HAYS, J.C., BLAZER, D.G. & LARSON, D.B. The relationship between religious activities and blood pressure in older adults. *International Journal of Psychiatry in Medicine*, nº 28, p. 189-213, 1998.

KOENIG, H.G.; GEORGE, L.K.; LARSON, D.B.; McCULLOUGH, M.E.; BRANCH, P.S.; & KUCHIBHATLA, M. Depressive symptoms and nine-year survival of 1,010 male veterans hospitalized with medical illness. *American Journal of Geriatric Psychiatry*, nº 7, p. 376-382, 1999.

KOENIG, H.G.; HAYS, J.C.; LARSON, D.B.; GEORGE, L.K.; COHEN, H.J.; McCULLOUGH, M.E.; MEADOR, K.G.; & BLAZER, D.G. Does religious attendance prolong survival? a six-year followup study of 3,968 older adults. *Journal of Gerontology: Medical Sciences*, nº 54A, p. M370- M376, 1999.

KOENIG, H.G.; LARSON, D.B.; HAYS, J.C.; McCULLOUGH, M.E.; GEORGE, L.K.; BRANCH, P.S.; MEADOR, K.G.; & KUCHIBHATLA, M. Religion and survival of 1010 male veterans hospitalized with medical illness. *Journal of Religion and Health*, nº 37, p. 15-29, 1998.

KOENIG, H.G.; LARSON, D.B. Use of hospital services, religious attendence and religious affiliation. *South Med. J.*, nº 9, p. 925-932, 1988.

LEIBOVICI, L. Effects of remote, retroactive intercessory prayer on outcomes in patients with bloodstream infection: randomized controlled trial. *British Med. Journal*, nº 323, p. 1450-1451, 2001.

LYNCH, T.R.; MENDELSON, T.; ROBINS, C.J.; KRISHMAN, K.R.K.; GEORGE, L.K.; JOHNSON, C.S.; &

BLAZER, D.G. Perceived social support among depressed elderly, middle-aged, and young adult samples. *Journal of Affective Disorders*, nº 42, p. 212-218, 1999.

MALTBY, J.; LIZA, D. Depressive symptoms as religion orientation examining the relationship between religiosity and depression within the context of other correlates of depression. *Personality and Individual Differences*, nº 28, p. 383-393, 2000.

MARQUES, A.H.; SOLIS, A.C.O.; LOTUFO NETO, F.; LOTUFO, R.F.M.; PRADO, E.B.A. Estresse, depressão, alterações imunológicas e doença periodontal. *Rev. Psiq. Clin.* nº 28(5), p. 266-273, 2001.

MAUGANS, T.A.; WADLAND, W.C. Religion and family medicine: a survey of physicians and patients. *J. Fam. Pract.*, nº 32, p. 210-213, 1991.

McBRIDE, L.J. The family practice residency curriculum: is there any place for spirituality and religion? *Fam. Med.*, nº 31, p. 685-686, 1999.

MUELLER, P.S.; PLEVAK, D.J.; RUMMANS, T.A. Religious involvement, spirituality and medicine: implications for clinical practice. *Mayo Clin. Proc.*, nº 76, p. 1225-1235, 2001.

MUELLER, P.S.; PLEVAK, D.J.; RUMMANS, T.A. Religion involvement, spirituality, and medicine: implications for clinical practice. *Mayo Clinic Proced*, nº 76, p. 1225-1235.

MYERS, D.G. On Assessing prayer, faith, and health. *Reformed Review*, nº 53, p. 119-126, 2000.

PUCHALSKI, C.M.; LARSON, D.B. Developing curricula in spirituality and medicine. *Acad. Med.*, nº 73, p. 970-974, 1998.

PUCHALSKI, C.M.; LARSON, D.P.; LU, F.G. Spirituality in psychiatry residency training programs. *Int. Rev. Psych.*, nº 13, p. 131-138, 2001.

RAMOS, R.T. As bases biológicas da síndrome do pânico. *Ver. Psiq. Clin.* nº 28(1), 2001 (Edição Internet).

RICHARDSON, T.A.; ROBINSON, R.D., Menopause and depression: a review of psychologic function and sex steroid neurobiology during menopause. *Prim. Care Update Ob/Gyns*, nº 7, p. 215-223, 2000.

ROBERT, L.; AHMED, I.; HALL, S. Intercessory prayer for the alleviation of ill health (*Cochrane Review*). The Cochrane Library, Issue 4, 2001.

RUBINOW, D.R.; SCHMIDT, P.J.; ROCA, C.A. Estrogen-serotonin interactions: implications for affective regulation. *Biological Psychiatry*, nº 44(9), p. 839-50, 1998.

SCHMIDT, P.J.; NEIMAN, L.K.; DANACEAU, M.A.; ADAMS, L.F.; RUBINOW, D.R. Differential behavioral effects of gonadal steroids in women with and in those without premenstrual syndrome. *Journal of the American Medical Association*, nº 338, p. 209-16, 1998.

SLOAN, R.P.; BAGIELLA, E.; POWEL, T. Religion, spirituality, and medicine. *Lancet*, nº 353, p. 664-67, 1999.

SLOAN, R.P.; BAGIELLA, E. Religion and health. *Health Psycology*, nº 20, p. 228, 2001.

SOUSA, P.L.R.; TILMANN, I.A.; HORTA, C.L.; OLIVEIRA, F.M. A religiosidade e suas interfaces com a medicina, a psicologia e a educação. *Psiquiatria na Prática Médica*, nº 34(2), 2002.

STUART-HAMILTON, I. *Psicologia do envelhecimento:* uma introdução. 3. ed. São Paulo: Artmed, 2002.

THORNETT, A.M.; HETTIARATCHY S.; HEMSLEY C.; Hopkins J.; BROWNNUTT M.J.; PRICE C.I.; LAGNADO, M.; SCHWARTZ, S. A.; BLACK S. L.; LEIBOVICI, L. Effect of retroactive intercessory prayer. *British Med. Journal*, nº 3, 24, p. 1037, 2002.

WOLKENSTEIN, A.S. Spirituality in residency education: taking the next step. *Fam. Med.*, nº 32, p. 159-160, 2000.

WOODS, T.E.; ANTONI, M.H.; IRONSON, G.H.; KLING, D.W. Religiosity is associated with affective and immune status in symtomatic HIV-infected gay men. J. Psychosom. Res., nº 46(2), p. 165-176, 1999.

Biografia do autor

O autor é médico formado pela Faculdade de Ciências Médicas de Santos, doutor em Cardiologia pela Faculdade de Medicina da Universidade de São Paulo e Médico Supervisor da Divisão Clínica do Instituto do Coração do HC-FMUSP.
É membro da Academia Cristã de Letras e do Instituto Histórico e Geográfico de São Paulo.

Contatos – roque.savioli@gmail.com

Homepage – www.roquesavioli.com.br

Obras do autor publicadas pela Editora Gaia

Curando corações
ISBN 85-7555-034-9
2ª edição
158 páginas

Fronteiras da ciência e da fé
ISBN 978-85-7555-078-6
1ª edição
176 páginas

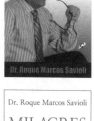

Milagres que a medicina não contou
ISBN 978-85-7555-419-7
22ª edição
192 páginas

Não entre em pânico!
ISBN 978-85-7555-158-5
1ª edição
160 páginas

IMPRESSÃO E ACABAMENTO: GRAPHIUM